U0608463

北京文化探微

探寻北京文化 Explore Beijing culture
展现北京魅力 Embody the charm of Beijing

张维佳 郁志群 贺宏志 主编
冯蒸 著

Pleasing Tune

味儿正腔圆

Tradional Beijing Common
Sayings and Folk Songs

老北京俗语民谣

北京出版集团
北京教育出版社

图书在版编目（CIP）数据

味儿正腔圆 ：老北京俗语民谣 / 冯蒸著. — 北京 ：
北京教育出版社，2018.12（2020年11月重印）
　（北京文化探微 / 张维佳，郗志群，贺宏志主编）
　ISBN 978-7-5704-0905-1

　Ⅰ . ①味… Ⅱ . ①冯… Ⅲ . ①北京话—俗语—通俗读
物 ②民谣—文学欣赏—北京—通俗读物 Ⅳ .
①H172.1-49 ②I207.72-49

中国版本图书馆CIP数据核字（2018）第281431号

北京文化探微

味儿正腔圆
老北京俗语民谣
WEIRZHENG QIANGYUAN

张维佳　郗志群　贺宏志　主编
冯　蒸　著

出　版　北京出版集团
　　　　北京教育出版社
地　址　北京北三环中路6号
邮　编　100120
网　址　www.bph.com.cn
总发行　北京出版集团
经　销　全国各地书店
印　刷　三河市同力彩印有限公司
版印次　2018年12月第1版2020年11月第2次印刷
开　本　710毫米×1020毫米　1/16
印　张　10
字　数　136千字
书　号　ISBN 978-7-5704-0905-1
定　价　50.00元

如有印装质量问题，由本社负责调换
质量监督电话 010-58572393

编委会

丛书主编：张维佳　郗志群　贺宏志

编　　委：（以姓氏笔画为序）

马淑琴　王天娇　王木霞　王东平　王京晶　戈兆一

白文荣　白　巍　冯　蒸　吕秀玉　朱冬芬　李冬红

李迎杰　李　艳　杨安琪　杨学军　伽　蓝　汪龙麟

张　孚　张冬霞　张亦弛　张维佳　陈春馨　陈　晴

陈　溥　赵建军　赵春光　赵崴羽　柴华林　高丽敏

黄丽敬　崔　静　彭　帅　韩雅青　蔡一晨

总　序

　　在任何一个国家，其首都文化都是立足于首都定位，根植于首都特色文化资源，在国家文化建设中起着示范性和引领性的作用。美国城市文化学者刘易斯·芒福德（Lewis Mumford）关于城市文化有一段著名论述："世界名都大邑之所以成功地支配了各国的历史，是因为这些城市始终能够代表他们的民族和文化，并把绝大部分流传后代。"

　　进入21世纪，中国迎来了新的历史时代。十九大报告明确指出"文化自信是一个国家、一个民族发展中更基本、更深沉、更持久的力量"，"深入挖掘中华优秀传统文化蕴含的思想观念、人文精神、道德规范，结合时代要求继承创新，让中华文化展现出永久魅力和时代风采"。"大力推进全国文化中心建设，提升文化软实力和国际影响力"是北京当前和今后一段时期的重要战略任务。如何弘扬和发展首都文化是北京建设全国文化中心的重要课题，对北京发展具有全局性的战略意义。

　　在这一新的时代背景下，我们十分需要对北京文化进行重新认识与解析，这是北京文化探微丛书出版的使命。

　　北京有着三千年的历史，是世界著名的古都和现代国际城市，孕育了底蕴深厚、丰富多彩、独特多元的北京文化。北京文化按照时间划分，可分为古代、近代、现代、当代四大类。按照内容性质，可细分为古城、皇家、民俗、革命、工业遗产、现代特色、大众休闲、文化艺术、奥运和文化教育等小类，并各自有着不同的空间载体。不同时期和类型的文化资源反映出北京城市文化精神内涵的不同方面。

　　北京文化探微丛书中一部分对北京城市文化空间现状进行简要解析，以期探索北京未来的文化发展空间与模式。比如长城、西山、长安街、中轴线、798艺术区等；丛书同时解析了数百年来人们在社会生活中形成并传承下来的各种文化形式，比如京剧、曲艺、老字号、俗语民谣等，意在普及推广优秀的传统文化，促进其在新时代的传播与发展。丛书循着"浅入浅出"的原则，结构上以散点的形式对北京文化的核心价值进行提炼，内容上关照承继，注重当下，面向未来，用通俗易懂的语言和具有代表性的图片，梳理北京文化的诸多方面。丛书力戒专业知识的堆砌，侧重义理的阐发，阐明北京文化中体现人类普遍价值和现代意蕴的内容，传承历史，裨益当代。

丛书在论述北京文化的过程中，始终把中华文化作为参照。中华五千年文化源远流长、博大精深，它是中华民族几千年文明的结晶，是由中华民族创造，为中华民族世世代代所继承发展，具有鲜明民族特色和深刻内涵的文化。从古至今，中华文化都对世界文明的发展贡献巨大，影响深远。北京文化是中华五千年文化的一部分，是中华文化在北京这一特定区域的特色化发展，北京文化无不具体体现着中华文化的印迹。

北京文化探微丛书以文化自信为依归，在新时代背景下和国际化的视野中重新审视北京文化，向大众展示北京的首都风范、古都风韵、时代风貌，擦亮首都文化的"金名片"，是一套"立足本国又面向世界"的普及类图书，可以很好地助力北京在全国文化建设中发挥示范带动作用，助力北京文化走出去，助力北京在国际上形成更大的影响力。

张维佳

老北京俗语民谣概略

　　北京话指的是住在北京城区一带的本地人所说的话。以北京城区为中心，东至今通州区，西至门头沟，南至丰台，北至怀柔，说的都是北京话。北京话的形成历史虽然众说纷纭，但是至晚在元代已经形成。根据反映北京话语音的历史资料可以把北京话分为八期，这八期分别是：一、唐代的幽州话；二、北宋时期的北京话；三、辽金时期的北京话；四、元代的大都话；五、明代的北京话；六、清代的北京话；七、民国时期的北京话；八、当代北京话。

　　俗语，也称常言、俗话。是指约定俗成、广泛流行、且形象精练的语句。俗语在群众口语中流传，具有口语性和通俗性的特点。从广义来看，俗语包括谚语、歇后语、惯用语和口头上常用的成语；但不包括方言词和书面语中的成语，不包括名著中的名言警句。

　　北京话里俗语很多，大多有典可据。有的俗语源于某项民俗，如"瘸子打围——坐着喊""奶茶铺的烷——窄长"；有的俗语源于军事，如"少不征南，老不扫北""吃官饭放私骆驼"；有的俗语源于某历史人物、事件，如"叫了王承恩啦"；有的俗语与建筑有关，如"前门楼子搭脚手——好大的架子"；有的俗语与地点有关，如"吃了烤肉到卢沟——晚（宛）来晚（宛）走"；有的俗语与商业有关，如"头戴马聚源，脚踩内联升，身穿瑞蚨祥，腰缠四大恒""砂锅居的买卖——过午不候"；等等。这些俗语饶有趣味，且一直在民间口头流传，是北京民俗文化中的瑰宝。

在京味儿作品中也保存了大量的俗语。所谓京味儿作品，是指由谙熟北京的逸闻掌故、风土人情的作者，采用地道的北京话创作的以展现北京风俗为主的文艺作品。包括小说、鼓词、评书、相声、影视作品等。这类作品显示出一种与独特的北京文化氛围绝顶契合的审美情趣。了解这些京味儿作品中俗语的含义，不仅有助于了解其作者所要表达的真实情感，更有助于了解北京话以及北京文化的特点。

北京是四朝古都，其民俗文化有着厚重的历史沉积。这些宝贵的文化遗产也保存在民谣这一口头文学形式当中。几百年间随着时代与政治剧烈变革，遗俗杂陈、维新革命、域外交流、民族交融各方因素不断对北京这个政治文化中心形成冲击与融合，使老北京的民谣呈现出特有的民俗风貌。

希望您通过阅读这本书，与笔者一同领略老北京俗语与民谣中所蕴含的"味儿正腔圆"的历史风貌及民俗风韵。

冯　燕

目　录

味儿正腔圆

老北京俗语民谣

1

北京话与老北京的俗语民谣

北京城与北京话的始源

　　几百年来，随着北京逐渐成为中国的政治文化中心，北京话在汉语诸方言中的地位越来越重要。自宋元之后，白话小说已开始不断抛弃文言成分和当时北方一些地区的方言词语，向北京话靠拢。到了《红楼梦》，曹雪芹用纯熟的北京口语来刻画人物，在语言运用上取得了很大突破。(图1-1)随着这部伟大文学作品的广泛流传，北京口语里的一些方言语汇逐渐为人们所熟悉，并陆续进入书面语言。20世纪20年代起，文学革命在新文化运动的推动下得以迅速展开，现代文学由此兴起，北京口语里方言语汇更常出现在各种文学作品中。直到现在，它已经成为书面语汇的一个重要组成部分，同时也在现代汉语普通话语汇中占据了相当的比重。

　　北京自古以来就是中原王朝的北方门户，战略上有极其重要的地位。916年，契丹族首领耶律阿保机统一各部落，建立契丹国，建都城在今内蒙古巴林左旗，称为"皇都"。随后登基称帝（辽太祖），改国号为"辽"。936年，石敬瑭篡位当上了后晋皇帝，随之割让北方国土幽、蓟、云、朔等十六个州（史称"燕云十六州"）送给辽国作为帮其夺位

图1-1　曹雪芹雕像（汇图网提供）

　　的回报。当时割让给辽国的幽州城，在今天北京西南的广安门一带。
（图1-2）938年，辽太宗将幽州定为"南京幽都府"，辽圣宗时又改为"南京析津府"，使北京成为辽国陪都，"五京"之一。北京城的别称"燕京"即始于此。

　　真正在北京建成中央都城始于金代。1153年，金正式迁都燕京。迁都后，完颜亮仿效辽国的"五京"制度，定燕京新都为"中都大兴府"，另外定四个陪都：今内蒙古宁城西南为"北京大定府"，北宋故都开封为"南京开封府"，今辽宁省辽阳为"东京辽阳府"，今山西省大同为"西京大同府"。

契丹占领燕云十六州成为北京话脱离中原汉语的促因，从唐宋之间的五代十国时代开始，契丹族、女真族、蒙古族、满族等少数民族及其政

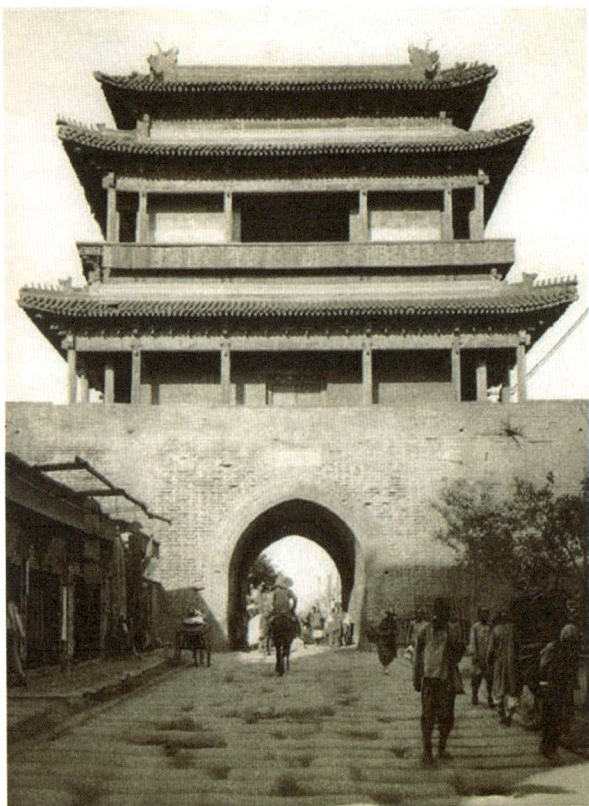

图1-2　1921年的广安门城楼（作者提供）

权对北京话的形成产生了重大影响。北京作为北方军事重镇，各民族间的交流十分频繁，这种多民族的同居共处是推动北京话快速发展的重要因素。

北京话里的俗语大多有史可考，有典可据。兹举几句老北京俗语为例，以窥其源。

老北京俗语掇撷

与年节习俗有关的俗语："三十晚上吃饺子——没有外人"。过阴历新年，除夕晚上吃完团圆饭，全家人就忙着包饺子。到了子夜新旧交替、更岁交子时，全家人开始吃饺子。旧时的老规矩此时不许串门、走亲戚，这时候家中是没有外人的，由此产生了这句歇后语。（图1-3）

图1-3　老北京新年场景（作者提供）

与历史人物有关的俗语："叫了王承恩啦"。明崇祯帝自杀前，曾奔出皇宫到大官宦家求援，最后迫不得已而自缢于煤山（今景山）。当时跟随他的只有太监王承恩一人，王承恩也随同自缢。

因此流传下俗语"叫了王承恩啦",比喻人到了穷途末路,陷入绝境。(图1-4)

　　与建筑有关的俗语:"前门楼子搭脚手——好大的架子"。"架子"一词是双关,既指一般的架子,也指摆谱儿、摆身份。前门是正阳门的俗称,建于明朝永乐年间,高十二丈多,面阔七间,雄伟壮观,威风凛凛,是皇帝赴天坛祭祀的必经之门。如此高大的城门,在建设和维修时所搭的脚手架,也是非常壮观的。因此人们用这句俗语来讽刺那些喜欢摆谱儿、炫耀的人。(图1-5)

图1-4　明崇祯帝(作者提供)

图1-5　正阳门(作者提供)

图1-6　太庙（作者提供）

　　与地名有关的俗语："皇上家的祠堂——太妙（太庙）"。太庙即今天的劳动人民文化宫，这里曾是皇家的祖庙。"太庙"谐音"太妙"，常用于称赞事情做得非常好。（图1-6）

　　与物件有关的俗语："买鼻烟不闻——装着玩"。鼻烟是由西洋传教士带到中国的，在老北京极为流行，并由此形成鼻烟文化。鼻烟气味芬芳，有明目提神之功效，还可以通窍、避疫、活血。鼻烟铺数前门大栅栏内的天蕙斋最为有名，社会名流有不少是那里的常客。鼻烟壶种类繁多，用料讲究，有翡翠、玛瑙、玻璃等，内画有精致的图案和绘画。"装"有放进的意思，也有假装的意思，这句俗语是表示装蒜、装傻充愣之意。（图1-7）

与商业有关的俗语："吃了烤肉到卢沟——晚（宛）来晚（宛）走"。据说北京著名的烤肉宛始于康熙年间，数代经营烤肉，选料精致，味道鲜美，慢慢在北京就有了名气，吸引了众多食客。宛平城在卢沟桥东，这句歇后语是借助烤肉宛和宛平县两个宛字的谐音，形容来得晚走得晚。（图1-8）

满族入关后以北京为中心近270年，满族的民俗和清代的政治、军事、经济及其他各种活动在北京话中留下了大量痕迹，也形成许多与此有关的俗语。

与八旗军事有关的俗语："吃官饭放私骆驼"，意思是拿着工

图1-7 鼻烟壶（作者提供）

来自西洋的鼻烟壶融入中国的艺术风格，设计独具匠心，在清代美学工艺上大放异彩，成为清代艺术的重要表征之一。

图1-8 烤肉宛牌匾（作者提供）

烤肉宛创建于1686年，最初为一名姓宛的回民在宣武门一带推车卖牛羊肉。其第二代在车上安置了烤肉炙子，卖起了烤牛肉。其后逐渐发展起来。

图1-9 《玛瑺斫阵图卷》中的八旗骑射武士（作者提供）

《玛瑺斫阵图卷》，清，郎世宁绘，纸本设色国画。取材自乾隆朝平准战争中的功臣玛瑺三箭毙敌首，展示了当时典型的八旗骑射武士形象。

资却干私活，或利用办公事之机办私事。这句俗语源自八旗军饲养驼马的制度。受当时的交通条件限制，清代八旗兵奉命在各地执行军事任务时，需用大量的马匹和骆驼。（图1-9）

八旗的每一旗的每一个参领都配有官马和官骆驼，每个佐领配有官马，无官骆驼。因军用马匹和骆驼数量极大，成为军中的一项大事，所以饲养工作极为重要。八旗军在关外和口外有大面积的牧场，专门饲养和放牧军用马匹和骆驼，并设有专门饲养员。到了清代后期，各项定制渐趋松弛，也有私人饲养马匹和骆驼的，委托公家的饲养员在公家牧场中代为牧养，官马、官骆驼数量极大，牧场甚是宽阔，极少数私人骆驼、马匹牧养

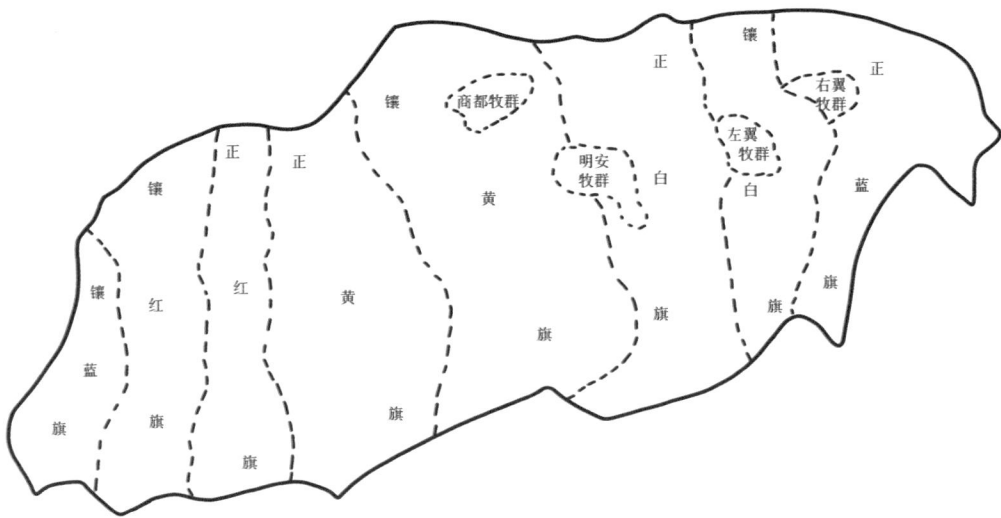

图1-10 清代察哈尔八旗四大牧场分布示意图（刘译仁绘）

其间是不会被发现的。私人想这样占公家便宜，必须买通饲养员，只要花银钱让饲养员同意，就一切万事大吉。后来人们就称这样的饲养员"吃官饭放私骆驼"。（图1-10）

"少不征南，老不扫北"，这句俗语在八旗中非常流行。"少"指的是年轻人；"老"指的并非老年人，而是中年人。清代军方调兵赴各地作战时，对战士年龄有所考虑，调到南方（云南、两广等地）去作战的战士，多选中年人。调到北方（内蒙古等地）去作战的战士，多选青年人。因其认为南方风气开化，刚刚入伍的青年战士易受诱惑，而中年战士思想不那么简单，处世有经验，不易为外界诱惑所动，因此征南不选用青年人；北方气候严寒，风沙飞扬，年岁稍大的人不及小青年耐得

9

图1-13　《乾隆狩猎图》，清，郎世宁绘（作者提供）

图1-14　《乾隆皇帝围猎聚餐图》局部，清，郎世宁绘，图中展现了倒奶茶、喝奶茶的情景（作者提供）

解奶茶铺的历史。满族祖先本来没有食奶食的习俗。后来因为许多蒙古族人编入满洲旗，逐渐编成蒙古八旗。满、蒙二族人共同生产生活，满族人也开始吃奶茶。满族、蒙古族旗人入关后，在北京街头开设了奶茶铺，售卖奶制品。奶茶铺店堂狭窄，顺着窗子是一条窄长的炕，长度则可同时列坐十数人，但宽度只可坐一人，由此形成了这句老北京歇后语。北京最后一家旧时奶茶铺是西城护国寺街西口内路南的"香蕾轩"，于1940年停业。（图1-15）

随着时代的发展，有些俗语由于不明语源，因而以讹传讹，造成误解。

比如清代有句俗语"东富西贵"，并不是说在清代的北京有钱的人

图1-15　护国寺街（作者提供）

13

都住在东城，而王公贵族都住在西城。清朝时将内城居住的汉人一律迁居南城，即正阳、崇文、宣武三门以外，永定、左安、右安三门以内地区。内城定为八旗人居住的地区，包括北城和东西城，从北往南分东西左右翼。

所以清代的"东富西贵"不是指内城的东和西，而是指外城，即汉人居住区域而言的。清代汉人一二品大员中除少数有内廷差事的在内城居住以外，绝大多数汉人官员都集中在宣武门外居住。另外各省府州县在京为接待进京会试举人设立的会馆也集中在宣南地区，宣南地区在外城属于西半部，士大夫集中的地区当然属于贵的阶层。而东半部是工商业者集中的地区，各行业的行会组织也集中在外城的东半部。因此当时对汉人居住的南城产生了"东富西贵"的话。

再如"天棚鱼缸石榴树，先生肥狗胖丫头"，这句俗语也不是指北京官员们的住宅，而是指外城汉人居住区域一部分富而不贵的人家而言的。（图1-16）

图1-16　天棚鱼缸石榴树，先生肥狗胖丫头（作者提供）

这些人家多是六部的书吏，俗称"书办"，父传子辈辈当书吏，家庭生活很富裕，他们不是官，自己虽有钱盖房但不能盖大门，在小门内照壁前摆四盆石榴，一个大鱼缸，缸内种些藕、蒲棒等，而官员们的住宅大门内照壁上悬挂官衔牌，所以照壁前不摆任何东西成为体制。在门内摆鱼缸、石榴来点缀装饰成为书吏这样类型人家的风尚。由于家道股实所以有条件请家庭教师，到夏天在院中搭起天棚遮阳，胖侍女、胖狗也是其生活富裕的标志。（图1-17）（图1-18）

图1-17　清代官衔牌（作者提供）

这些源远流长的俗语，随着时代社会的变迁，往往变得语源不详，因此发掘和整理老北京俗语，特别是历代京话小说中所记载的俗语，使广大读者明白其真实来源和确切含义是极为有益的。

图1-18　四合院的照壁（作者提供）

味儿正腔圆

老北京俗语民谣

2

明清京话小说中的俗语

明清时代的北京城与京话小说

明代初期，朱元璋定都南京，建元洪武，出兵北伐。元顺帝妥懽帖睦尔于1368年退出大都（北京）回归漠北，蒙古、色目人等多随扈之。兵燹之后，北京人口锐减九成以上。（图2-1）（图2-2）

明初因北平（明永乐年以前北京称北平）人口严重不足，再加上为

图2-1　朱元璋画像（作者提供）

图2-2　元顺帝妥懽帖睦尔画像（作者提供）

图2-3 《皇都积胜图》（作者提供）

　　明代嘉靖末年到万历前期，作者不详，绢本设色画，现藏于中国国家博物馆。此图展现了明代中后期北京城的繁盛景况。

了防御元朝残余势力袭扰，所以开始向北平移民。自洪武四年（1371年）至永乐三年（1405年），从安徽、河南、山西、苏北等地移民十余万户。永乐元年（1403年），"八月，徙直隶苏州等十郡、浙江等九省富民实北京"，并在此之后，于永乐二年、三年、五年又令大量民众迁居北京。经过政权的巩固和人口的迁徙，明朝的北京，成为全国的政治和文化中心。（图2-3）

　　1616年，努尔哈赤在赫图阿拉建立后金，脱离了明朝的统治。虽然明

图2-4 清太祖朝服像（作者提供）

18

朝多次派兵攻打后金，但都被击败。（图2-4）

1636年，皇太极在沈阳改国号为大清。1644年，清军入关后，以北京为政治、经济、军事中心，人数众多的满族人定居北京和京畿一带与汉族人密切交往。（图2-5）

根据《钦定八旗通志》（图2-6）所载，满族于入关前仅战斗部队就有：镶黄旗31佐领，正黄旗28佐领，正白旗39佐

图2-5　皇太极画像（作者提供）

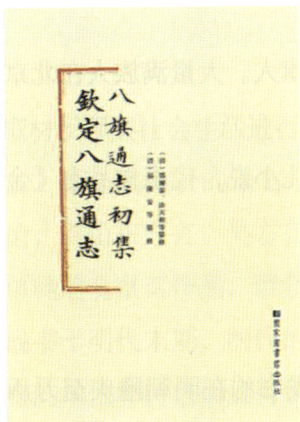

图2-6　《钦定八旗通志》封面（作者提供）

领，正红旗30佐领，镶白旗37佐领，镶红旗33佐领，正蓝旗36佐领，镶蓝旗34佐领。此外还有数量众多的后勤队伍（包衣佐领、旗鼓佐领），以及蒙古旗和汉军旗。这些兵员连同其家属于顺治时入关。

就以北京城区而论，清政权入关之初，即由政府下令命令内城（前三门以内）的原

张、匆忙奔走的意思。再有："李大姐生的这孩子甚是脚硬，一养下来，我平地就得此官。"北京话中的"平地"，并非指平稳之地，而是指原来没有基础、突然出现的情况。"韶刀"这个词现在还常用，是指说话言语不稳重，没深没浅，啰里啰唆，含有贬义。如："春梅见婆子吃了两盅酒，韶刀上来了。""献勤"，指向人献殷勤，做一些巴结讨好的小事情。"勤"，北京话一般要读儿化音。如在《金瓶梅词话》里，潘金莲说："你看献勤的小妇奴才！你慢慢走，慌怎的？抢命哩？黑影子绊倒了，磕了牙也是钱！""你说你怎行动，两头戳舌献勤出尖儿！""信意儿"，是肆意、任意、不多加考虑的意思，也可以做离合词"信着意儿"使用。如："若是信着你意儿，把天下老婆都要遍了罢，贼没羞的货！"还可以省掉"意儿"，只用"信着"，如："你和他吃了，别要信着又勾引的往那里去了。""巴巴儿"是专门为了某件事情特意、特地的意思。第一个"巴"读 bà，第二个"巴"读 bā。如《金瓶梅词话》："巴巴儿叫来旺两口子去，他媳妇子七病八痛，一时病倒了在那里，谁扶侍他？"这里"巴巴儿"是特意的意思。

　　《金瓶梅》书中对北京的吃食和风俗也有所描写。如万历本《金瓶梅词话》里，"妇人吃了他一块糖、十个艾窝窝，千恩万谢出门"，可见北京小吃艾窝窝（图2-9）的历史，至少有四百年了。《金瓶梅》第十回李瓶儿给西门庆家送来"果馅椒盐金饼"，并说这是"朝廷上用的"，应是出自宫中甜

图2-9　北京传统小吃艾窝窝（作者提供）

食房的一种点心。《思陵典礼记》所记明代奉先殿每日应供奉的食品清单中也有"十二日，椒盐饼"的记录。

在北京，元宵节有摸钉儿、走百病儿的习俗，且流传至今。明代刘侗《帝京景物略》(图2-10) 有云："八日至十八日，集东华门外，曰灯市，贵贱相遘，贫富相易贸，人物齐矣。妇女着白绫衫，队而宵行，谓无腰腿诸疾，曰'走桥'。至城各门，手暗触钉，谓男子祥，曰'摸钉儿'。"(图2-11)（图2-12）（图2-13）（图2-14）（图2-15）

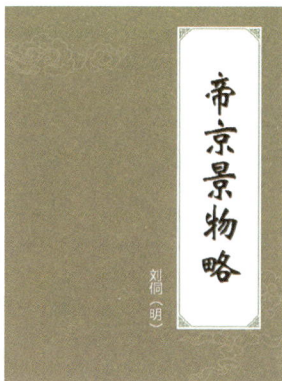

图2-10　《帝京景物略》封面（作者提供）

《金瓶梅词话》中也写到了"走百病儿"："……出来跟着众人走百病儿，月色之下，恍若仙娥，都是白绫袄儿，遍地金比甲，头上珠翠堆满，粉面朱唇……"又有："他（韩嫂儿）在家跟着众人走百病儿去了，醉回来家，说有人剟开他房门，偷了狗，又不见了些东西，坐在当街上撒酒疯骂人。"这句中的"当街"，也是口语，"当"读 dāng，在街上的意思。"走百病儿"是妇女的习俗，目的是为"男子祥"，"宜男也"。"走百病儿"时妇女们所穿的衣服也有规定，即《金瓶梅词

图2-11　《明宪宗元宵行乐图》局部，明，宫廷画师绘（作者提供）

图2-12 清代风俗画《走百病摸门钉》
（作者提供）

图2-13 明代风俗画《走百病上城头》（作者提供）

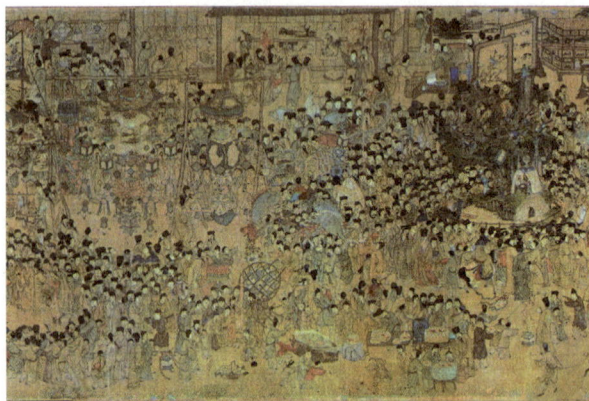

图2-14 《上元灯彩图》，明，作者不详（作者提供）

画作主要描绘了明朝中晚期时南京元宵节街景，可以看出当时南京的富庶安逸。

图2-15 唐代风俗画《放灯》（作者提供）

话》中的"白绫袄儿"，也叫"夜光衣"。清代高士奇云："正月十六日夜，京师妇女行游街市……消百病也。多着葱白米色绫衫，为夜光衣。"这一习俗诗文多有记之，明代周用《走百病》诗："都城灯市由

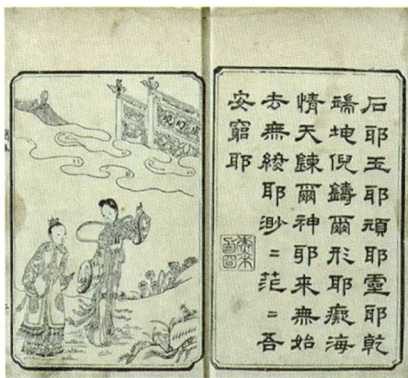

图2-16　《红楼梦》程甲本（作者提供）

图2-17　《红楼梦》脂本（作者提供）

来盛，大家小家同节令。诸姨新妇及小姑，相约梳妆走百病。"王廷绍《霓裳续谱》："北平俗曲《正月正》云：正月正，（呀呀哟），娘家接我去看灯。问了婆婆问公公，婆婆说去了你早早地回，媳妇说是我还要走走百病，妈妈（呀），你也走罢，走走桥儿不腰疼。"

2.《红楼梦》中的北京话

《红楼梦》是中国古典四大名著之一，又名《石头记》《金玉缘》，是清代作家曹雪芹创作的长篇章回体小说。此书分为一百二十回"程本"和八十回"脂本"两种版本系统。新版通行本前八十回据脂本汇校，后四十回据程本汇校，署名"曹雪芹著，无名氏续，程伟元、高鹗整理"。（图2-16）（图2-17）

曹雪芹，名沾，字梦阮，号雪芹，又号芹溪、芹圃。曹家是正白旗，从他的高祖跟随清朝贵族入关后，就成为内务府包衣，后举家迁往南京管理江宁织造。江宁织造郎中一直由曹家担任，曹家家道兴旺。后来由于受到清廷内部皇权之争的牵连，加之管理不当，江宁织造亏空过

图2-18 曹雪芹画像（作者提供）

大，曹家获罪，曹雪芹随家人从南京迁回北京老宅。当时的内务府将"京城崇文门外蒜市口地区十七间半房、家仆三对，给予曹寅之妻孀妇度命"。曹雪芹后又移居北京西郊，靠卖字画和朋友救济为生。他一生的大部分时间都是在北京度过的，并且在北京写出了《红楼梦》这部巨著。（图2-18）（图2-19）

《红楼梦》中有极丰富的北京话，突出反映了清代北京话的特

图2-19 曹雪芹纪念馆，位于北京植物园黄叶村（作者提供）

色。早在乾隆末年，周春就在《阅红楼梦随笔·红楼梦评例》中指出，读《红楼梦》要"通官话京腔"；稍后张新之也指出，《红楼梦》"书中多用俗谚巧语，皆地道北语京语，不杂他处方言。有过僻者，间为解释"。近世大学者俞平伯说："《红楼梦》里的对话几乎全都是北京话，而且是经作者加工洗练过的北京话，真是生动极了。"著名学者李辰冬在他的《红楼梦研究》中谈到北京话的价值时，说道："以《红楼梦》的文字论，北京话给他一种不灭的光荣；然北京话也因他而永传不朽了。"齐如山先生在他的《北京土话》中搜集了两千多个北京土语单词的条目，有近百个单词的例句取自《红楼梦》。《红楼梦》里地道的京言京语，至今虽已二百多年，但依然没走味儿。如"尺寸"一词，"尺"在北京话里读阳平chí，"尺寸"指说话办事掌握的分寸。《红楼梦》书里第五十八回中有"这是尺寸地方"，不是指狭小的"方寸之地"，而是说这里讲究礼数、规矩。"掉歪"，也作"调歪""吊歪"，指调皮捣蛋、不听话、想坏主意的人。如："我并不是那种吃醋调歪的人，你我三人更加和气。况且有本事的人，未免就有些调歪。""搅过"，指生活费用、日常开销。书中有"好容易我进来了，正好一心无挂地在里头伏侍姑娘们；姑娘们也便宜，我家里也省些搅过"，"搅过"有时还写作"嚼用"，意思是一样的。形容一个人吝啬、小气、特别抠门儿，北京话叫"啬刻"，"啬"要读阳平sé，后一个字轻声。如《红楼梦》中有："二叔为人是最啬刻的。"还颠倒使用作"克啬"，则"克"要读平声。如"凡出入银钱事物，一经他手，便克啬异常"。"韶刀"指言语絮絮不休，如第二十四回："贾芸听他韶刀得不堪，便起身告辞。""填还"，意思是"给"，含有给人以报答，或者先给别人好处，以图得到酬报的意思。如："他们两个为什么苦呢？有了钱也是白填还别人，不如拘了来，咱们乐。"

《红楼梦》与北京有千丝万缕的联系，许多地方提到了老北京的地名。第七回中提到"水月庵"，书中说它在京城郊外，确切无疑。第二十三回中提到"西廊下"，这条胡同始见于乾隆《京城全图》，地点在阜成门大街北，图中只此一处西廊下。清代于敏中等著的《日下旧闻考》卷二十五"朝天宫"的按语云："朝天宫本元代旧址，盛于明嘉靖时，毁于天启年间。今阜成门东北虽有宫门口、东廊下、西廊下之名，其时周回数里，大半为民居矣。"书中贾琏称贾芸为"西廊下五嫂子的儿子芸儿"。第二十九回中提到"清虚观"。清代朱一新的《京师坊巷志稿》记在旧鼓楼大街，仅此一处。今虽将其所在胡同改名为清秀巷，但老北京人仍习惯叫清虚观。（图2-20）（图2-21）

第三十二回中提到"兴隆街"。周汝昌的《红楼梦新证》第四章第一节《南北东西》中讲："燕京共有五个兴隆街：一在东郊，三个都在外城，只有一个是内城的，是现在和平门以北，南通大栅栏，北通横街二条，也是西城。但在内务府会计司与慎刑司之间有兴隆寺和兴

图2-20　现今西廊下胡同仍存在（灵极限提供）

图2-21　《加摹乾隆京城全图》封面图（作者提供）

《京城全图》，乾隆年间绘，全图高14.1米，宽13.5米，比例约合六百五十分之一。

隆胡同。"第四十七回中提到"关厢",指城门外大街及相关地区。清代法式善的《陶庐杂录》卷五:"明洪武十四年令天下编黄册,在城曰坊,近城曰厢,乡都曰里。"

第五十七回中提到"鼓楼西大街"即今德胜门到铁影壁胡同一段。清代吴长元《宸垣识略》卷六:"鼓楼在地安门北金台坊,旧名齐政楼,元建。西斜街临海子,率多歌台酒馆,有望湖亭,昔日皆贵官游赏之地。"第六十四回中提到"小花枝巷"。周汝昌的《红楼梦新证》第四章第一节《南北东西》中讲:"在护国寺街以北不太远,就有一条花枝胡同,北通三不老胡同,右侧即是宝玉出北门的大道——德胜门大街。'小花枝巷'就像花枝胡同。"（图2-22）（图2-23）

图2-22 《京韵·鼓楼西大街》,当代,李耀林绘（作者提供）

图2-23 现今花枝胡同仍存在（作者提供）

3.《儿女英雄传》中的北京话

《儿女英雄传》又名《日下新书》,清代满族文学家文康著,是我

29

国小说史上第一部熔侠义与言情于一炉的社会小说。原著以说书人口吻写成，所用语言是平实的北京方言。上自达官显贵，下至贩夫走卒、妓女流氓，举手投足、只言片语均栩栩如生，极为传神，是19世纪中叶北京话的第一手资料。原书53回，现存世41回。

作者文康，字铁仙，一字悔庵，姓费莫，号燕北闲人，镶红旗人。关于文康的生卒仕履现存资料中直接的记载不多，可以推知文康生于嘉庆三年（1798年）左右，卒于同治五年（1866年）之后，以费莫氏镶红旗籍人，不由科第进取，出资捐纳，为管理蒙古、新疆、西藏少数民族地区事务的部级机构理藩院任外郎（副郎）。关于其生平，在诗词赠答和序跋中偶有提及。《儿女英雄传》序跋题识有三：光绪四年（1878年）初印本中的"马从善序"，原载序文假托"雍正年观鉴我斋序"以及"乾隆甲寅东海吾了翁题识"。马从善序是迄今所见最早为《儿女英雄传》所做的序。据马从善序记载："《儿女英雄传》一书，文铁仙先生康所作也。先生为故大学士勒文襄公保次孙，以赀为理藩院中郎，出为郡守，洊擢观察，丁忧旋里，特起为驻藏大臣，以疾不果行，遂卒于家。先生少席家世余荫，门第之盛，无有伦比。晚年诸子不肖，家道中落；先时遗物，斥卖略尽。先生块处一室，笔墨之外无长物，故着此书以自遣。"马从善久在文康家坐馆，故其说法大致可信。文康晚年诸子不肖，家道中落，于是开始撰写《儿女英雄传》，这与曹雪芹撰写《红楼梦》颇为相似。

《儿女英雄传》语言兼具方言土语、俚俗民谚，口语化程度较高，胡适曾称其为"绝好的京语教科书"。这也是一部晚清社会的百科全书，涉及的民情风俗、科举考场、世家礼仪、市井游民、衣饰装点等，均有生活依据。在新文化运动中提倡"国语""注音"的钱玄同先生就非常爱读《儿女英雄传》，而且是倒背如流。钱钟书先生在其著作《管锥编增订》和《七缀集》中几次引用原书。龚千炎先生说过："我们研究《儿女英雄传》的语言，可以上窥《红楼梦》的语言，下探当代的北京话，从中看出近代汉语（北京话）发展的脉络，现代北京话的源头，以及现代汉语文学语言的形成。"

《儿女英雄传》中用了很多极为地道的老北京话。如"忒儿喽"，意思是用鼻子或嘴把液体或食物吸进去时的声音，书中"安老爷却就着那五样佳肴，把一碗面忒儿喽忒儿喽吃了个干净"，这是用嘴大口吸着吃面条的声音。再如"饶是"，这是表示让步关系的连接词，"饶是那等拦他，他还是把一肚子话可桶儿的都倒出来"。门框、窗扇变形，关不严或关不上，叫"走扇儿"，如"谁知那门的插关儿掉了，门又走扇，才关好了，吱喽喽又开了"。"掰文儿"，意思是从别人的言谈话语中故意找碴儿，如"不是姑老爷一说话我就掰文儿，难道出兵就忙得连个茅厕也顾不得上吗？""兴头儿"，指高兴、得意、快乐的事，"你老人家不说找个开心的兴头儿说，且提八百年后这些没要紧的事做什么？""来派"指势头，"姑娘一看这光景，你一言我一语，是要'齐下虎牢关'的来派了"。"剪直的"，是索性、干脆的意思。如第二十九回："如今你既把我闹了来了，你有什么好花儿呀、好吃的呀，就剪直的给我戴、给我吃，不爽快些儿吗？"（图2-24）

第十七回，邓九公对假扮尹其明的安老爷说："咄！姓尹的，你莫要撒野呀！不是我作老的口划，你也是吃人的稀的，拿人的干的，不过一个坐着的奴才罢咧。你可切莫拿出你那外府州

图2-24　《儿女英雄传》封面图
（作者提供）

县衙门里的吹六房诈三班的款儿来。好便好，不然叫你先吃我一顿精拳头去！"这里的"口划"，北京话读作kēchen，即"砢碜"，指言语刻薄，说话难听。"悖悔"意思是说老年人昏聩、糊涂，有自责的，也有说别人的。如："瞧瞧，你老人家可了不得了，可是有点子真悖悔了！""掉歪"，指调皮捣乱、总想出坏主意的人。如："绝好的一个热心肠儿，什么叫闹心眼儿，掉歪，他都不会。""寻宿儿"，指借宿。书中有"施主寻宿儿呀？庙里现成的茶饭，干净房子，住一夜，随心布施，不争你的店钱"，在这儿要读成xínxiǔr。（图2-25）

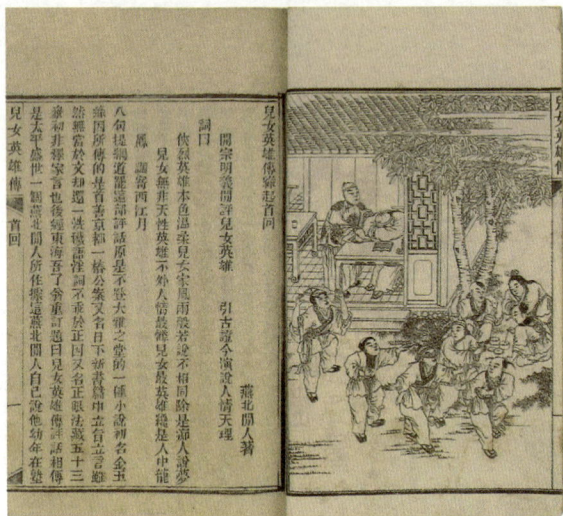

图2-25 《儿女英雄传》插图，清光绪年间，上海申报馆刻本（作者提供）

图2-26 鸽子有乌头、扫脑儿之分（作者提供）

第七回中："小二师傅是个扫脑儿，也不弱，还有个三儿。"这里的"扫脑儿"即秃顶，"扫"

读去声，读作sào，徐世荣先生《北京土语词典》写作"臊脑儿"，解释为"顶部头发脱落的状态"。"扫脑儿"也指黑白相间的头发、杂毛儿。养的鸽子就有"扫脑乌头"之说，"乌头"即头颈全黑的鸽子，"扫脑儿"就是头顶有杂毛儿的劣种鸽子。（图2-26）

书中的描写兼具北京的风土民情以及文化特色。在书中第三十二回，描写了安老爷和邓九公吃早点："那边上房早已预备下点心，无非素包子、炸糕、油炸果、甜浆粥、面茶之类。"油炸果类似今天的油条。句中说"无非"，说明当时的早点只不过就是这几种。《儿女英雄传》的作者是嘉庆、道光、咸丰时人，可见这几样早点有约二百年历史了。（图2-27）

第七回《探地穴辛勤怜弱女》里，张金凤对看守她的丑夫人说："什么地方我不敢去？就走！看他又把我怎的！"说着，站起来就走。那个夫人见了，扯住她道："你站住！人家师傅叫我在这儿劝你，可没说准你出这个门儿。你往哪儿走哇？守着钱粮儿过啵！你又走啰！"这句话是什么意思呢？清代旗人的薪俸叫"钱粮"，死后由其妻子领取，叫"寡妇钱粮"，根据军功、官职的不同，领取不同金额，也就是给家属的抚恤金，所以说"守着钱粮儿过"。寡妇改嫁，俗话叫"往前走"，如果"往前走"了，那"寡妇钱粮"自然就没了。

再如戏园子中的"倒座儿"，"倒"读去声 dào。书中写："不空和尚定要占下场门儿的两间官座儿楼，一问，说都有人占下了；只得再顺着戏台那间倒座儿楼上窝憋下，及至坐下，要想看戏，得看脊

图2-27 《早点摊》，伯阳绘，图中展现油炸果的制作过程（作者提供）

33

图2-28　光绪北京茶园演戏图（作者提供）

梁。"（图2-28）"官座儿"是旧时戏园子的观众席中以屏风隔成的小间，类似今天的包厢。杨懋建《京尘杂录》云："官座儿以下场门第二座为最贵，以其搴帘，将入时，便于掭心卖眼。"舞台左右两边设有简易的席位，座位面向剧场中间的观众席，因此称之为"倒座儿"。坐"倒座儿"的观众看舞台演出，只能看到演员的后面，所以文中说"要想看戏，得看脊梁"。

（图2-29）

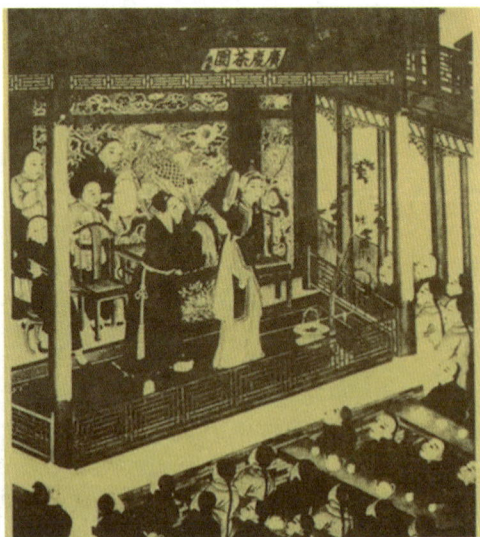

图2-29　《广庆茶园图》，清人绘（作者提供）

明清京话小说中的俗语

　　明清京话小说中保存很多地道的老北京话。如表迟疑或者留恋难舍的意思，可以用"意意思思"这个词，在老北京话里这四个字要按照原有的声调读。如《金瓶梅》第二十五回中："玉楼道：'嗔道贼臭肉，在那里坐着，见了俺，意意思思地待起不起的。谁知原来背地里有这本账！'"这是孟玉楼詈骂来旺媳妇宋氏，和西门庆勾搭成事，因为有了"资格"，见了孟玉楼、潘金莲等主妇们，连站也不愿意站起来。（图2-30）

　　"撦溜子"，"撦"读 zhě，"溜"读 liū，"子"轻声，也是地道的北京话。《金瓶梅》书中有："找不何你这撦溜子，人也死了一百日来，还守什么灵？在那屋里也不是守灵，属米仓的。"金受申

图2-30　明末刊本《新刻绣像批评金瓶梅》"第二十五回"插图（作者提供）

先生的《北京话语汇》释作"借故掩饰自己的思想或行动"。徐世荣先生的《北京土语辞典》释作"谓做错了事，说错了话。借其他的事情、话题，掩盖自己的羞惭"。陈刚先生《北京方言词典》则释作"自找办法打圆场儿"。

"水蛇腰儿"，"腰"字必须儿化。《国语辞典》解释作"腰部微偻者"，《现代汉语词典》中"指细长而腰部略弯的身材"。其实，"水蛇腰儿"并非指腰，或腰部的什么毛病，而是指脖颈以下的脊背微驼。在刘宝瑞先生的相声《官场斗》里，也介绍刘墉并非"罗锅"，而是"水蛇腰儿"，即微微驼背。大观园里，林妹妹和晴雯姐，都是水蛇腰儿，林黛玉的水蛇腰儿，是因常年咳嗽（肺病）所致。这也与旧时的审美有关，彼时以"水蛇腰儿"为女人的一种美态。（图2-31）

"垫喘儿"，意思是受过、迁怒。如《红楼梦》中："何苦来拿我们这些没要紧的垫喘儿呢？""你们两个人不睦，又拿我来垫喘儿。"

图2-31 林黛玉画像（作者提供）

"卖嚷嚷儿"，指故意高声说话，为了让别人都听见，引起注意。如《儿女英雄传》中："急得个张姑娘没法儿，只好卖嚷嚷儿了。"

"皮赖歪派"，意思是调皮、耍赖、不正经。"赖"字读轻声，或读作le，"派"字读pāi。如《儿女英雄传》："我看你才不过做了一年的新娘子，怎么就学得这样皮赖歪派！"

"斜半签儿"，表示方向斜向，读作 xiémeqiāngr。"半"读作 me（莫），轻声，"签儿"读作qiāngr（腔儿）。《儿女英雄传》中："要上二十八棵红柳树，打这里就岔下去了：往前不远，有个地方叫桐口，顺着这桐口进去，斜半签儿着就奔了二十八棵红柳树了。"就是说顺着桐口斜行即到。"斜半签儿"多用在指示路径上。齐如山先生释："走路不拐死弯，径直走去，亦曰斜么签儿着走。"

有一些俗语，作为北京人或者是在北京生活过多年的人，一定耳熟能详。如《金瓶梅》中："西门庆不因不由信步走入里边观看。""每日牵着不走，打着倒退的，只是一味咪酒，着紧处却是锥钯也不动。"《红楼梦》中第四十六回："鸳鸯道：'家生女儿怎么样？牛不喝水强按头？我不愿意，难道杀我的老子娘不成！'"第六十八回："凤姐气得骂：'赖狗扶不上墙的种子。你细细地说给他：便告我们家谋反也没事！不过是借他一闹，大家没脸。若告大了，我这里自然能够平息的。'"（图2-32）第四十六回："鸳鸯道：'这个娼妇，专管是个九国贩骆驼的，听了这话他有个不奉承去的！'""九

图2-32　王熙凤塑像（汇图网提供）

国贩骆驼"含有贬义，用以形容人善于钻营，这一俗语可能源于西域贩骆驼的商人。《儿女英雄传》中："公子长了这么大，除了受父母的教训，还没受过这等大马金刀儿的排揎呢。""排揎"指训斥，"大马金刀儿"带有骄倨傲慢、大模大样的意思。"只不错眼珠儿从玻璃里向二门望着。""这要不用个敲山震虎的主意，怎的是个了当？"这些俗语从明清时代一直沿用至今。

有些俗语与今天的北京话微殊，但依然不难理解。如《金瓶梅》中春梅安慰潘金莲"天塌了还有撑天大汉哩"，今说"天塌了有个儿高的撑着呢"。花子虚输了官司，追问李瓶儿还有多少财产，李瓶儿奚落花子虚说"浑身是铁打得多少钉儿"，今说"浑身是铁能打几根钉子"。陈敬济被杨大郎打，侯林儿救陈敬济时对杨大郎说"自古嗔拳不打笑面"，今说"抬手不打笑脸人"。（图2-33）《红楼梦》中第二十七回："林之孝两口子，都是锥子扎不出一声儿来的。我成日家说，他们倒是配就了的一对夫妻：一个天聋，一个地哑。那里承望养出这么个伶俐丫头来！"今说"三棍子打不出一个屁"。第七十七回："周瑞家的等人皆各有事，做这些事便是不得已了，况且又深恨他们素日大样，如今那里有功夫听他的话，因冷笑道：'我劝你去罢，别拉拉扯扯的了。我们还有正经事呢。谁是你一个衣包里爬出来的，辞他们作什么，他们看你的笑声还看

图2-33　张光宇绘《金瓶梅人物》插图潘金莲形象，香港报刊1948年发表（作者提供）

不了呢。你不过是挨一会儿是一会儿罢了，难道就算了不成？依我说快走吧。'"今说"一个娘胎里爬出来的"。《儿女英雄传》："公子此时……忙答应了一声，一抖积伶儿，把作揖也忘了，左右开弓地请来俩安。"今说"抖机灵儿"。"只是我邓老九的银子，是凭精气命脉神挣来的，你这等轻轻松松，只怕拿不了去！"今说"精气神儿"。"一个女孩儿家，既把身子落在这等地方，自然要商量个长法儿，事款则圆。你且住啼哭，休得叫骂。"今说"事缓则圆"。

有些俗语需要稍加注解，如《金瓶梅》第二十回中有："正经使着他，死了一般懒待动旦；若于猫儿头差事，钻头觅脑，干办了要去，去得那快！"这里的"猫儿头差事"，是指秘密的、不可告人的事情。类似今天北京话中的"猫儿腻"。再如："以后见他说话儿出来，有些不防头脑，只低着头弄裙带子，并不作声答应他。""不防头脑"，指不着边际的话语。类似今天说的"不着调""不靠谱"。《儿女英雄传》中："这位何玉凤姑娘……好端端的又认的是什么干娘！不因这番，按俗语说，便叫作'卖盆的自寻的'，掉句文，便叫'痴鼠拖薯，春蚕自缚'！""卖盆的自寻的"，意思是指本来不太聪明的人，却要耍小聪明，无故自找麻烦，自讨苦吃。这源于旧时沿街卖盆的人（图2-34），不光吆喝本业，还兼学口技，以招揽生意。蔡绳格《一岁货声》注："有人卖盆，则学一阵老鹳打架，先叫早，后争窝，末像群鸦对谈，嬉笑怒骂中有和解意，无不笑者。"口技与卖盆本无任何关联，实属多事。类似今说"吃饱了撑的"。

有些俗语与今天的意思差异很大。如"扫地出门"，齐如山先生释："做事做彻也，管到头也。如代人做一件事，恒说'这件事扫地出门都归我啦'，意思就是都归我包办了。"《儿女英雄传》第十六回写到安水心老爷欲娶何玉凤（十三妹）为儿媳，正在筹议之中，请邓九公

图2-34　老北京街头卖盆的人（作者提供）

帮忙，九公满口应承，说："老弟，不必犹疑，就是这样定了……从明日起，扫地出门，愚兄一人包办了。"邓九公说"扫地出门"，意思是说安、何两家的喜事操办，开销花费，自己愿意全部承担下来，后边又说"愚兄一人包办了"，正好以作补充。说"扫地出门"，因为旧京木厂子（制造厂）承包工程时，在与雇主所签的合同里，最后一句话要写"扫地出门"，意思是说此项工程，从开始到完工，制造厂负责到底，而非今人理解的"将某人彻底赶走"之意。

歇后语也是老百姓常用的语言形式，歇后语有前后两个部分，前半句好像谜面，后半句好像谜底。这三部小说中都保存了很多精彩的歇后语。先来看一下《金瓶梅》中的歇后语。有些歇后语用当时的民俗做谜面，如书中月娘叫薛嫂押祭礼到陈家来，谁知陈敬济却嫌来晚了，便说她"正月十六贴门神——来迟了半个月"。这句歇后语是由正月初一贴门神的习俗而来。

"踩小板凳儿糊险神道——还差着一帽头子哩！"这是李瓶儿生子时，潘金莲对孟玉楼所说的。"险神道"应为险道神，又叫显道神，是最早的门神，原身是《封神演义》中的方弼、方相兄弟。这句意思是说因为人个子矮，即使踩了小板凳也无法将门神贴准，指李瓶儿怀孕的日期不对，所以说"还差着一帽头子哩"。

"险道神撞着寿星老儿——你也休说我长，我也休嫌你短。"月娘擅自替官哥与乔大户家攀亲，西门庆不满意，认为这门亲事不般配，潘金莲如此嘲笑他，险道神身长，寿星身矮，这是没办法的事实。（图2-35）

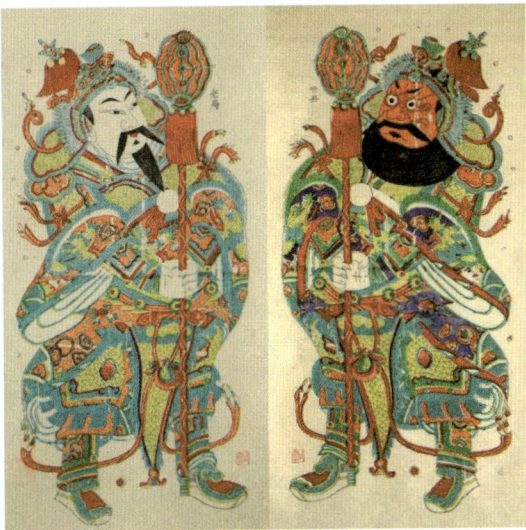

图2-35　邰立平《方弼 方相》水印木版画（作者提供）

"南京沈万三，北京枯树弯——人的名儿，树的影儿。"在书中第三十三回陈敬济丢了钥匙，潘金莲扣着不给，非要他喝酒、唱曲，便如此形容陈敬济，这句话的意思是：人人知道你会唱，就不要假装了。沈万三是明朝初期的富豪，枯树弯则传说在明朝初期挖出了大量银两。作者在讲述宋朝的故事时，使用了带有明朝元素的歇后语，是幽默的笔法。（图2-36）

"盐也是这般咸，醋也是这般酸，秃子包网巾——饶这一抿子儿

图2-36　李瓶儿形象，梯子下为李瓶儿，明末刊本《新刻绣像批评金瓶梅》第十三回插图（作者提供）

图2-37　清末的乞丐和其手中的打狗棍（作者提供）

也罢了。"这是潘金莲嘲笑西门庆的话。"抿子"是古代妇女刷发抹油的小刷子。这段话总的意思是：你说了也白说，盐总是咸的，醋总是酸的，秃子头上再包网巾，还要抿子干什么？

有些歇后语以具有某种特点的人物做谜面。如"抄化子不见了拐棒儿——受狗的气了"，"抄化子"就是乞丐，也称叫花子。"拐棒儿"是旧时乞丐所用的棍子，也称打狗棍。（图2-37）书中西门庆铺面开张，众人喝酒行令，应伯爵自谓"在下一个字也不识"，便说了个急口令，受西门庆等人奚落，于是说自己是叫花子被狗欺负了。西门庆观戏想起死去的李瓶儿，极为悲伤，潘金莲说："我不信，打谈的掉眼泪——替古人耽忧。""打谈的"指说书人，言指其悲伤是虚情假意。

歇后语还可以分为谐音型和逻辑推理型两种类型。所谓谐音型的歇后语，是指歇后语的后半句中有谐音的要素。如《金瓶梅》书中冯妈妈原是李瓶儿的帮佣，后

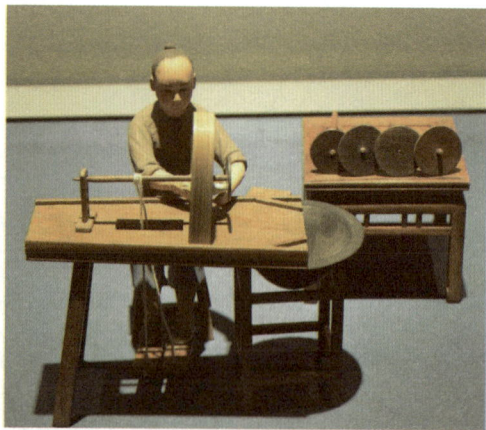

图2-38　古代匠人泥塑（作者提供）

为王六儿帮忙，就难得到李瓶儿那里了，当李瓶儿问她为何好久不来，她回答："卖盐的做雕銮匠——我是那闲（咸）人儿？""雕銮匠"指在金属器物上雕刻图案的匠人，卖盐的与咸对应，"咸"则是"闲"的谐音，言其忙碌，不得闲。(图2-38)

月娘见媒婆上门，猜测是孟玉楼动心，有了嫁进来的念头，说"腊月里萝卜——动（冻）了心"。春梅帮助月娘解决了被吴典恩诬陷的案子，陈敬济知道后责怪春梅"六月连阴——想他好情（晴）儿"。这里"晴"谐音"情"。

逻辑推理型的歇后语，书中第一回中月娘讽刺西门庆等人结拜，评价这些人说："提傀儡儿上戏场——还少一口气儿哩！""提傀儡儿"即提线木偶。第七回薛嫂说孟玉楼不能做主，说"山核桃——差着一槅"，意思是孟玉楼与张四间隔着一层关系，就像核桃里被槅子分开的果肉一样。第二十一回众妾给西门庆磕头贺喜，潘金莲调侃西门庆拿腔作势，说其"羊角葱靠南墙——越发老辣"。羊角葱是大葱的一种，挂在向阳处经年不坏，越久越有辣味。第二十四回蕙祥骂宋惠莲"促织不吃癞蛤蟆肉——都是一锹土上人"，"促织"是蟋蟀的别称，意思是说你我都是同一类人，就像蟋蟀不会吃癞蛤蟆，因为其一样都是在土里生活的。第二十五回，宋惠莲在来旺面前对偷情的事死不认账，作者评价宋惠莲"东净里砖儿——又臭又硬"。"东净"，又叫东厕，因为古代房斋常将厕所建在房屋东侧，故得其名。第二十六回月娘劝宋惠莲时，说自己"老婆当军——充数儿罢了"，因其自知说的话西门庆听不进去。第二十八回潘金莲自己丢了鞋却责怪秋菊，叫春梅逼着秋菊去花园寻找，但是秋菊没有找到，所以春梅对秋菊说"你媒人婆迷了路儿——没的说了，王妈妈卖了磨——推不得了"，让秋菊知道，她对此有不可推卸的责任。第六十回描写潘金莲见官哥死了，喜出望外，用"春凳折

43

图2-39　清代马蹄刀（作者提供）

了靠背儿——没的倚了"这个歇后语来表示她的幸灾乐祸。

再如郓哥说王婆"马蹄刀木勺里切菜——水泄不漏"，马蹄刀是弯的，木勺也是弯的，在里面切菜可谓严丝合缝。（图2-39）这是郓哥原想分一杯羹，可是王婆滴水不漏。

李瓶儿挨西门庆打，潘金莲对李瓶儿说"属扭孤儿糖的，你扭扭儿也是钱，不扭也是钱"，意思是说其别别扭扭的也是挨打，服服帖帖的也是挨打。"扭孤儿糖"在《红楼梦》中作"扭股儿糖"。

《红楼梦》中也有很多精彩的歇后语。从谜面部分来看，有些是跟动物有关的，如第三十回凤姐说："我说他们不用人费心，自己就会好的，老祖宗不信，一定叫我去说和。我及至到了那里要说和，谁知两个人到在一处对赔不是了，对笑，对诉，倒像黄鹰抓住了鹞子的脚，两个都扣了环了！那里还要人去说和。"黄鹰抓住了鹞子的脚，相互缠绕到了一起，意思是说两个人关系很好，难以分舍。第六十一回："可是你舅母姨娘两三个亲戚都管着，怎么不和他们要的，倒和我来要？这可是仓老鼠和老鸹去借粮，守着的没有，飞着的有。"守着粮仓的老鼠却去找乌鸦借粮食，比喻找人办事找错了人。第六十八回："你兄弟又不在家，又没个商量，少不得拿钱去垫补。谁知越使钱越叫人拿住刀靶，越发来讹。我是耗子尾巴上长疮，多少脓血儿。所以又急又气，少不得来找嫂子。"老鼠的尾巴很小，即使长了疮，也没有多少脓血，意思是说自己能力很小。

有与植物有关的，如第五十三回贾珍说："所以他们庄家老实人，外明不知里暗的事，黄柏木做了磬槌子，外头体面里头苦。"黄柏木味苦，用黄柏木做成庙堂之上击磬的锤子，意思是外表看起来十分体面、光彩，可是内里有很多难言之隐。

有与事理有关的，如第五十五回："金钏儿睁开眼，将宝玉一推，笑道：'你忙什么？金簪儿掉在井里头，有你的只是有你的。连这句俗语难道也不明白？我告诉你个巧方儿，你往东小院儿里头拿环哥儿和彩云去。'"意思是只要是你的，哪怕是掉在井里头，也能捞回来；不是你的，在你手里也会丢掉。

有与民俗有关的，如第六十五回："尤三姐站在炕上，指贾琏笑道：'你不用和我花马掉嘴的！咱们清水下面，你吃我看见。提着影戏子上场儿，好歹别戳破这层纸儿。'"指在表演皮影戏时，演员和观众之间会有一层幕布，演员利用灯光，将人物的影像投影到幕布上。如果幕布破损，皮影戏则无法表演，意思是说大家心里都清楚，只是明面上并没有挑明了说。（图2-40）

《儿女英雄传》里的歇后语使用精妙，令人叫绝。由于作者所选用的歇后语多在当时广为流传，所以在书中常是真正的"歇后"，只说出前半句。例如第二回写安老爷给河台大人送礼，门上家看不上，就说："大凡到工的官儿们送礼，谁不是缂绣呢羽、绸缎皮张，还有玉玩金器，朝珠洋表的；怎么这位爷送起这个来了？他还是河员送礼，还是'看坟的打抽丰'来了？这不是搅吗！"这里"看坟的打抽丰"就是一句歇后语。"打抽丰"即"打秋风"，意思是勒索财物。看守坟墓的人"打秋风"，只能"打"坟地里的死鬼。这句的歇后语是"吃鬼"，即

图2-40　皮影戏表演画面（作者提供）

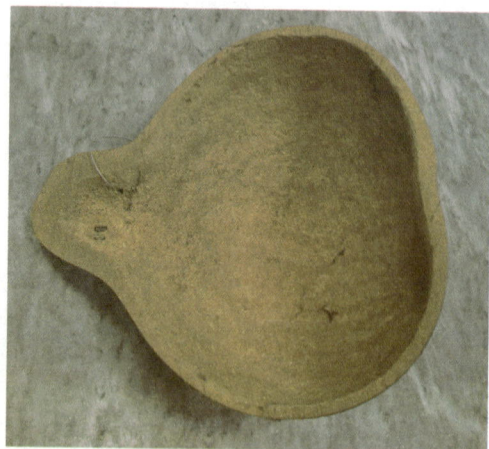

图2-41　葫芦瓢（作者提供）

向鬼魂勒索财物，指极端尖刻薄之人。

第十九回："我这锯了嘴的葫芦似的，大约说破了嘴，你也只当是两片儿瓢。""没嘴儿的葫芦"也是句歇后语。过去北京人常常在院子里搭葫芦架，结出来的葫芦有两种，一种是一大一小两个圆在一起的，叫作有嘴葫芦，可作酒器。还有一种是桃形的，就一个圆，叫作没嘴的葫芦，北京人叫葫芦瓢，所以俗语说"有嘴的葫芦没嘴的瓢"。（图2-41）瓢长成以后，经过风干，然后将其锯成两半使用。用以舀水，就是水瓢，用以抆（kuǎi）面，就是面瓢。歇后语"没嘴儿的葫芦——两片儿瓢"，意思是说人的上下两片嘴唇，就像锯开没嘴的葫芦做成的两片瓢一样，起不到任何作用，也就是形容人没有口才，不善辞令。

第三十六回写安公子回家省亲，安老爷布置迎接，在中堂北面，只安放了一把椅子，舅太太不解其意："怎么今儿个他又外

图2-42　灶王爷画像（作者提供）

厨房里的灶王爷——闹了个独座儿呢。回来叫我们姑太太坐在哪儿呀？""外厨房里的灶王爷——独座儿"，这是因为在厨房里贴的神祇只有灶王爷，没有别的，所以说是"独座儿"，也就是一个座位、孤家寡人的意思。也作"独一份儿"，意思是只此一家，别无分号。（图2-42）

味儿正腔圆

老北京俗语民谣

3

清末曲艺作品中的俗语

清末曲艺作品简说

清代北京曲艺业发达，为广大人民所喜闻乐见，艺人们大多聚集在天桥、前门一带，常年演出。经年累月，这一地区出现了很多身怀绝技的民间艺人，如著名的"天桥八大怪"。（图3-1）与此同时，一些艺人或曲艺爱好者也对表演的鼓词、评书底本进行整理，为后世留下了宝贵的文化遗产。清末时期出现了一些专门搜集某一曲艺种类素材的书籍。

1. 车王府曲本

"车王府曲本"是20世纪20年代初由顾颉刚等人发现并定名的。史树青

图3-1 韩麻子画像，"天桥八大怪"之一，天桥早期最著名的单口相声艺人（作者提供）

先生《关于车王的问题》一书中认为车王为车林巴布，喀尔喀图什业图汗部中右旗人，同治七年（1868年）预保授头等台吉，光绪二十一年（1895年）承袭札萨克郡王，授乾清门行走。（图3-2）

清末，车王府收藏了众多的子弟书及其他鼓词杂曲的抄本，洋洋洒洒，蔚为大观。除子弟书外，还有单唱鼓词、说唱鼓词等多种。（图3-3）

图3-2 《清车王府藏戏曲全编》（作者提供）

2013年8月由广东人民出版社出版，全书共20册，1147万字，是迄今为止规模最大的通俗曲本整理工程。

图3-3 老北京曲艺——京韵大鼓（作者提供）

单唱鼓词的字数不多，是一次演出的小段。说唱鼓词则多为长篇大书，如《刘公案》30余万字，《文武二度梅》50余万字，《封神演义》多达210本，120余万字，比《封神演义》小说的字数约多一倍。鼓词连说带唱，丰富多彩，为各阶层人士所乐闻，或表演于茶楼书场之中，为劳动人民耳目之娱；或招致于深宅贵邸之内，为闺阁消遣散闷之助。车王府所藏曲本品类之多，数量之大，为研究清代北京话及曲艺留下了极为宝贵的资料。

2. 吴辅庭、哈辅源与《永庆升平》

吴辅庭与哈辅源为师兄弟，清末天桥说书艺人，二人都以演说《永庆升平》而闻名。吴辅庭穿抓地虎儿靴子，短衣襟，小打扮，青洋绉褡布，青漳绒坎肩。说书时连说带刨，自己所居立场时常跟编书的人相反。凡与情理不符之情节，他便挑剔攻击，并以其说补救原文之缺陷。哈辅源为满洲旗人，口齿好，说书引人入胜。在天桥西首一溜破楼下开演。《天桥杂咏》中有哈辅源词：传神逗趣山东马，妙语合时哈辅源，何事清营夸得胜，全凭大肚冠三军。名震当年天地会，瓦刀利胜大环刀，堪怜瘦马终无福，不及英雄抢切糕。(图3-4)(图3-5)

图3-4 说书图（作者提供）

图3-5　新中国成立前的说书艺人在集市上说书（作者提供）

　　《永庆升平》是清代咸丰、光绪年间，在北京出现的一部评书，一经登场，便受到广大听众的欢迎。最初为姜振名演说，后以吴辅庭、哈辅源兄弟的演说最为著名。光绪十七年（1891年）通州人郭广瑞将其编著成书，即为《永庆升平前传》。《永庆升平》托言康熙朝事，实际反映的却是清代中晚期咸丰、同治、光绪、宣统年间的社会生活。故事以清兵剿灭白莲

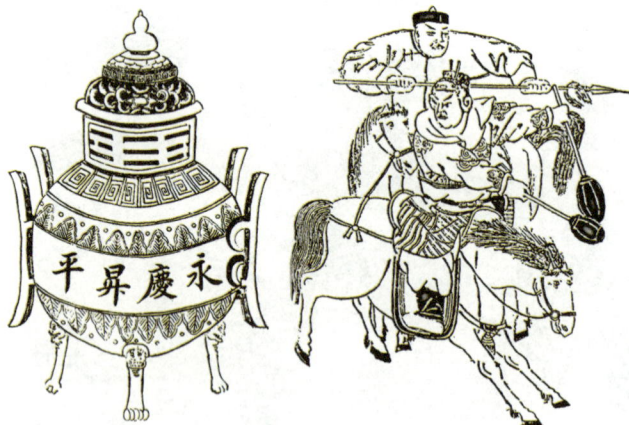

图3-6　旧版《永庆升平》插图（作者提供）

教、八卦教为主要情节，内中既有大规模战役的场面，也有单枪匹马的比斗，故事惊险，人物众多，场景热闹，语言生动。说书人以一醒木、一纸扇、一手巾三样道具，口说手比，便使听者惊魂动魄，如身临其境一般。（图3-6）

《永庆升平》最初由北京打磨厂宝文堂主人刘熙亭在光绪十八年（1892年）首次出版，名为《绣像永庆升平前传》，共九十七回。光绪十九年又有贪梦道人续演一百回，因而《永庆升平》有"前传""后传"之分。（图3-7）

图3-7 《西打磨厂街》，张眉荪绘（作者提供）

曲艺作品中的老北京话

车王府曲本中保存了很多地道的老北京话，试举以下几例：

"吊歪"，也作"掉歪""调歪"，指调皮捣蛋、不听话、想坏主意的人。如车王府曲本《青石山》："他老人家特意地吊歪。"正因为有"捣蛋"的意思，所以有时也说成"掉蛋"。"掉蛋"还含有没准谱儿、主意老变而使人屡屡生厌的意思。比"掉歪""掉蛋"更甚、更厉害些的，是"掉猴儿"，如《青石山》中也有"常与他爹使性子掉猴"的说法。

"填还"，"还"读轻声，其义为"给"，含有先得到了别人的好处，然后给人以报答，或者先给别人以好处，希冀后来得到酬报的意思。本义指牲口听从使唤，或者雇工格外替主人出力。车王府曲本《青石山》："这算是你老人家填还的够了，不是你的儿女，强求不来。""你天生是他周氏门中的义仆，填还周家上代待你的恩德。"如损公《刘军门》中："无论如何老是娘家好，谁要说他娘家不好，跟这人是仇敌恶战。有钱总填还娘家。"元曲《合汗衫》："今生已过，那生那世，做驴做马，填还你的恩债也。"《儿女英雄传》："不填还人的东西，等着今儿晚上宰了你吃肉！"这是脚夫说两头驴不听使唤，到处乱跑，用的是"填还"本义。《白话聊斋》写作"填壑"，"要知凡事不能勉强，该填壑谁一定填壑谁"。（《丑狐·二》）。邓友梅写作"填活"，如《索七的后人》："拿国家钱填活私人，这是错的，表哥您不干对了！"

"晌午错"，表示天已过午，也作"晌午趖"或"晌午歪"。光绪《顺天府志》^{（图3-8）}卷三十三："今京师人谓日跌为晌午趖。按趖，《说文》：走意，从走，坐声。《广韵》：苏和切。《花间词》：豆蔻花间趖晚日。今顺天人谓日午为正晌，午少西曰晌午趖；午语若火，趖语若错。"车王府曲本《青石山》："晌午错，才睡醒，爬起来，恶心干哕，痛泪直流两眼红。"为了强调日西，还可说"晌午大错"，如《金瓶梅词话》："止有何千户娘子直到晌午大错才来。"《小五义》："用完了这顿饭，就晌午大错了。"晌午，指正午、中午。"晌"读阳平sháng；"午"读huo，轻声。王实甫《西厢记》有："呀，才晌午也！再等一等。"《西厢记》："琴童料持下晌午饭"等。《长尘殿》：

"（旦）永新，是什么时候了？（老旦）晌午。（旦）万岁爷可曾退朝？（老旦）尚未。"《儿女英雄传》用"晌午歪"："直说到这时候，这天待好晌午歪咧，管

图3-8　《顺天府志》封面图（作者提供）

保也该饿了。"损公《小额》："正赶上徐吉春上衙门去啦，门上的说是晌午歪才回来。"

"嚼裹"，也作"嚼过儿"，指日常生活的花销或办事情的开销。车王府曲本《刘公案》："你们这二十两身价银，还有八个月的嚼裹，你拿算盘磕一磕，该着多少银子？"车王府曲本《青石山》："我跟着你老入山访道，嚼过儿不大，一顿勒着喝，半斤烧酒。"《水浒传》写作"结果"："我再取十两银子与你结果。"《红楼梦》写作"搅过"："姑娘们也便宜，我家里也省些搅过。"《儿女英雄传》写作"浇裹"，用作动词。如："再讲到烧焰儿，山上的干树枝子，地下的干草、芦苇叶子、高粱岔子，那不是烧的？……再说也浇裹不了这些东西。"《三侠五义》："哎哟，又添了浇裹了！又是跟人，又是两匹马，连人带牲口，一天也耗费好些呢！"《二十年目睹之怪现状》："既如此，你也大可以搬到会馆里面去，到底省些浇裹。"《白话聊斋》中使用了"嚼谷"："而且又远困异乡，再添嚼谷，受得了吗？"

老舍先生的《骆驼祥子》（图3-9）中："车只是辆车，拉着它呢，可以挣出嚼谷与车份，便算完结了一切。"与此同义，还有"嚼用"一词，《红楼梦》："况且人家学里，茶饭都是现成的，你这二年在那里念书，家里也省

图3-9　《骆驼祥子》插图（作者提供）

好大的嚼用呢。"损公《花甲姻缘》:"由婆家供嚼用。"

"不差什么",该词可以表不同含义:其一,表示没关系、不要紧。如车王府曲本《灵官庙》:"有收了几个青年女子作文徒弟,一来为的是自己清心能够消闲,不差什么的就叫她们应酬应酬。"《金瓶梅词话》:"他既恁说,我容他上门走走,也不差什么,但有一句话,我不饶他!""自古有天理倒没饭吃哩,他占用着老娘,使他这几两银子也不差什么!"损公《铁王三》:"咱们爷儿俩怎么样,平分疆土不差什么罢?"其二,表示普通、平常、一般。《儿女英雄传》:"如今老爷要到他家去,此刻正不差什么是那老头子回来的时候。"损公《曹二更》:"老曹向来得人,那溜儿街坊,不差什么他都给作过活。"《雍正剑侠图》(图3-10):"可是自己有几个钱,想不出一个正当的营业,不差什么的买卖自己又不能做。"其三,表示约莫、估摸。损公《小额》:"告诉姐姐说,不差什么的胆子小的人,不用说敢管,他要是敢上府上来,我算信服他。"其四,表示差不多、相似。《小五义》:"玉面猫熊威、御猫展熊飞,这个声音不差什么,必是外头的人以讹传讹。"

"闹到归齐"也可说"闹了归齐"或"闹了归其",表示最终、到底的意思。车王府曲本《刘公案》:"我看你闹到归齐是怎么样!""归齐",齐如山先生释:"任凭众人怎样说,结果还得自己拿主意,则曰:闹了归齐还得自己拿主意。"《儿女英雄传》:"你才使了我三百金子,这算得个什么儿?归齐不

图3-10 《雍正剑侠图》人物插图
(作者提供)

到一个月，你还转着弯儿到底照市价还了我了。姑娘，在你算真够瞧的了。”损公《刘军门》：“这小子平日架弄于家，归齐还是让于家给揍死啦。”还可以说“说到归齐”，损公《小蝎子》：“说到归齐凶手到底是谁呢？”老舍先生《离婚》：“说到归齐，大家谁都不晓得所长太太与小赵的关系，谁不知道所长是又倚仗而又怕小赵！”《春阿氏》作“归期”，“问到归期，始终也不得头绪”。

“递嘻和”，指有求于人时，向人笑脸相迎，和气说话，以表示自己的和善，或道歉、赔礼。车王府曲本《神州会》中有：“欺软怕硬的王大片，见了李逵他拉了勾儿，勉强带笑呼好汉，搭里搭讪的递嘻和。”损公《小额》：“心里一动，说这件事来岔儿呀，赶紧跟人家一递嘻和儿。”损公《小蝎子》：“正这儿说着，毛豹由外头进来了，都是本县的人，彼此认识。孙二狗向来不了毛豹，（狗自然怕豹）当时站起来递嘻和儿，说：‘毛大哥您也来了。’”《白话聊斋·申氏》：“赶紧递嘻和儿，说‘哟喝，你回来啦。’”也可以说“递个嘻和儿”或者“递一个嘻和儿”。如老舍《方珍珠》：“你要去递个嘻和儿，珍珠就有了下场，你有了饭吃，我们也能借你的光，有个办法！”《陈七奶奶》：“上司与他递一个嘻和，再没有了不了的事。”

“没里儿没表儿”，指人做事不讲道理，胡搅蛮缠。车王府曲本《青石山》：“倒不如，咱俩先试一试，打理这，没里儿没表儿的老遭瘟。”老舍《四世同堂》中有：“瑞丰笑了。他虽浮浅无聊，但究竟是北平人，懂得什么是‘里儿’，哪叫‘面儿’。北平的娘儿们，也不会像东阳这么一面理。”与其义相反的是“懂里儿懂面儿”，也说“有里儿有面儿”，如损公《小额》：“这位王亲家太太是个大外场，虽然厉害，可是懂里儿懂面儿，说话倒很爽快。”“里儿”和“面儿”，即“里面”“外面”，用来形容处世的一般道理或规矩。（图3-11）

"避黏子"，也作"避年子"或"并粘子"，为江湖隐语。（图3-12）"黏"或"粘"此处读作nián，"粘子"指观众，即卖艺者通过找人捧场等方式聚拢观众。车王府曲本《神州会》："公孙胜闻线卖药装老道，避年子扬雄石秀阮家弟兄。"谓公孙、扬、石等人合伙行骗。又如《青石山》："王道士得了主意，望着这些给他常年避黏子的苦哈哈说……"损公《鬼吹灯》中还有"圆粘儿"一词，也是江湖隐语。指生意人设法招揽顾客。如："有一个卖药的摊子，是个四十来岁、外路口音的人……彼时正在圆粘儿，虽然也是春典，听着好像有两句尖的。"（图3-13）损公《小额》："大凡这类小人，都讲究捧臭脚、抱粗腿、敬光棍、怕财主、贴靴并粘子、

图3-11　老舍先生《四世同堂》插图，丁聪绘（作者提供）

图3-12　避黏子，卖艺者通过找人捧场等方式聚拢观众（作者提供）

59

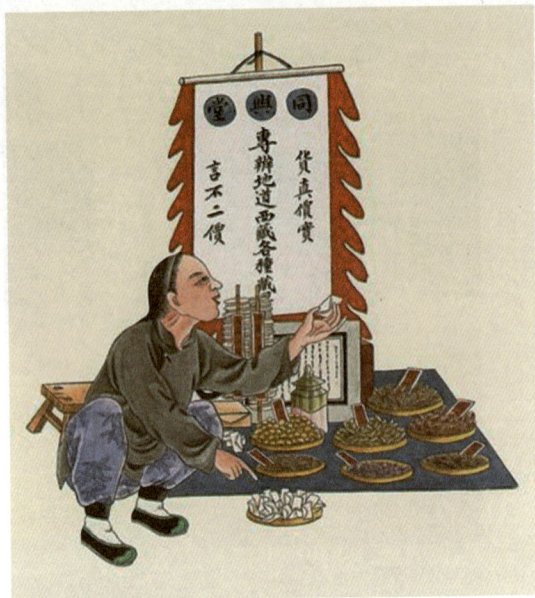

图3-13　老北京摆摊儿卖药的（作者提供）

拜把兄弟、认干亲。总之，都是一些阿谀逢迎、热闹哄骗、惫懒小人的行径。"

"贴靴"指以某种不当的方式捧场，类似今天所说的当托儿，也表示阿谀逢迎、捧场讨好。如损公《库缎眼》："因为他平生善于贴靴。无论什么事，到他嘴里，能够足贴一气，因此叫靴王。"《小额》："赵六也直给小额贴靴。（贴靴是句土话，就是捧场的意思）"《春阿氏》："到底官场人向着官场说话，他真给法部贴靴。"《白话聊斋·邢子仪》："我可不是给您贴靴，简直的您是未到先知。"

"小里"，指扒手、小偷、贼，也作"小绺"。车王府曲本《神州会》："时迁的脖子上挂着条线，犯了脏的小里一声儿不哼。"损公《小额》："从先是个架仙鹤腿的出身（就是卖水烟的），后来改行当小绺。"《北京歇后语研究》收："鼓楼的小绺，在后门幌幌。"老舍《离婚》："张大嫂给汗衫上钉上四个口袋，于是钱包，图章盒——永远不能离身，好随时往婚书上盖章——金表，全有了安放的地方，而且不易被小绺给扒了去。"还写作"小掳""小利"等。《证俗文》谓："扒首，安徽语也，扬州名刮儿，京师曰小利。"震钧《天咫偶闻》亦曰："街间小窃，俗号小掳。"《品花宝鉴》："银子，在戏园门口叫小利割去了。"《负曝闲谈》："却说周劲斋往身上一摸，一只召喜袋不知去向，便急得面容失色。贾子蛰忙问：'可是给小利偷了东西去？'"（图3-14）古代小说中有用"翦绺""翦柳"来表示小偷。《警世通言》："仔细看时，袖底有个小孔。那老者赶早出门，不知在哪里遇着翦柳的剪去了。"《官场现形记》："长江一带翦柳贼多得很啊！轮船到的时候，总得多派几个人弹压弹压才好。"《说文》释："纬十缕（丝）为绺。"《通俗编》："世每误书绺为柳，如《水南翰记》载唐皋诗：'争奈京城翦柳多。'"是说京城贼多之意。

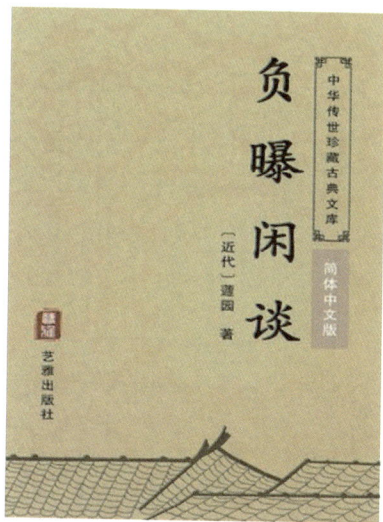

图3-14　《负曝闲谈》封面图（作者提供）

评书《永庆升平前传》主要的故事情节发生在北京城，其中对老北京的方方面面都有比较细致的描写。先来看几处地名，如"前三门"指的就是北京内外城交界，位于内城南城墙的三座城门：正阳门、崇文门、宣武门。"前"乃是对"后"而言的，如前门（正阳门）对后门（地安门）。"前三门外"，泛指前三门以南的地方，即北京外城一带。《永庆升平前传》："前三门外土教匪徒甚多，理应清净地面。"文中还说道"康熙至正阳门外，即出了前三门"，可见早在康熙年间，就有"前三门"的叫法。《儿女英雄传》的第十八回写道："因此上，前三门外那些找馆的朋友，听说他家相请，便都望影而逃。"

"里九外七"，"里九"，指内城九门；"外七"，指外城七门。

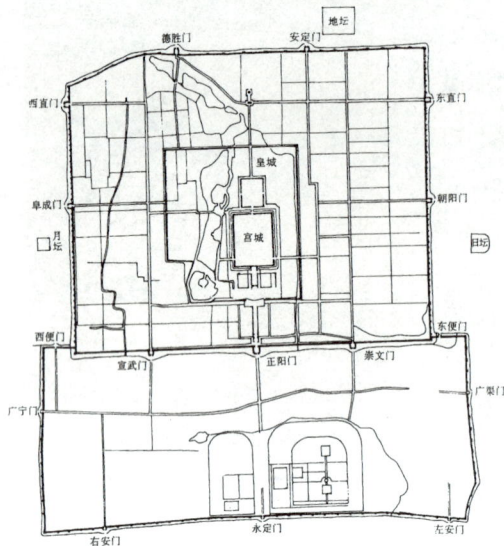

图3-15 "里九外七"示意图（灵极限提供）

"里九"，指内城九门；"外七"，指外城七门。内城和皇城合称"四九城"。皇城四门分别是天安门、地安门、东安门、西安门；而内城的九门分别是正阳门（前门）、崇文门、宣武门、朝阳门、阜成门、东直门、西直门、安定门、德胜门。

图3-16 1870年的阜成门（作者提供）

文中瘦马说："你打听打听，里九外七，皇城四门，前三门外，九门八条大街，五城十五坊，南北衙门，大宛两县，顺天府、督查院，么有不认得老太爷的。"这里所说的街、坊均是旧京有名之处。（图3-15）

书中提到的城门如"平则门"，是阜成门的俗称。宫门口，也是地名，在阜成门内大街。"顺直门"，是宣武门的俗称。崇文门俗称"海岱门""哈德门"。"彰仪门"，是北京外城西南广安门的俗称，旧时来往京师，都要由此门进出。（图3-16）

街巷名如"西河沿"，指正阳门往西的一条街市，此街以菜市、客栈著称。虽因位于护城河河沿儿而得名，但在北京话里，这个

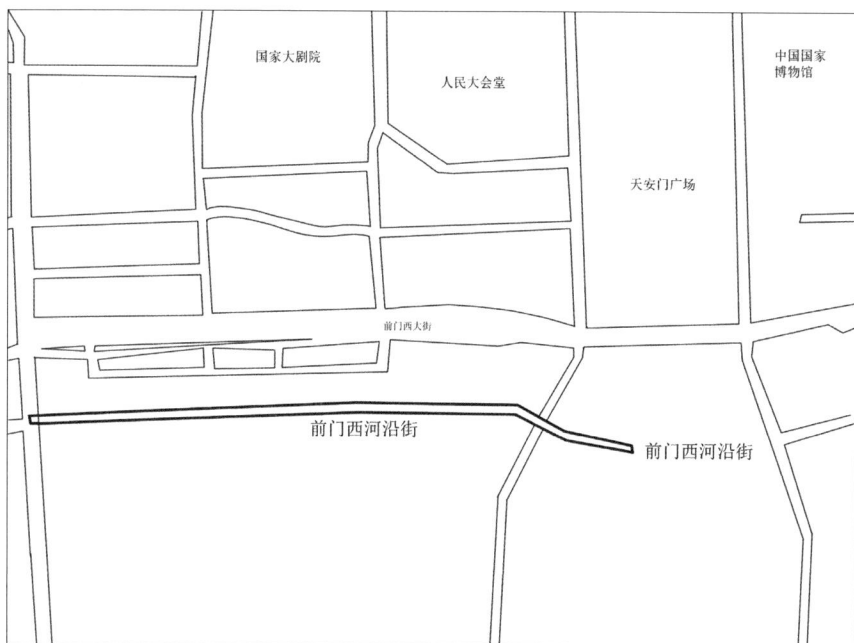

图3-17　西河沿位置示意图（刘译仁绘）

"沿"读本音，不儿化。如《永庆升平前传》："遥见圣上穿便衣骑驴前来，肃王爷将要更衣接驾，只见圣驾骑驴进西河沿，往西去了，王爷随在后追赶。"（图3-17）（图3-18）

市肆名如"二荤铺"，指卖便宜饭菜的茶馆、小饭铺。《燕市积弊》："北京中等以下的人，最讲究上茶馆儿，所以这个地方茶馆儿极多。这种买卖向分两种：有江南

图3-18　永庆升平前传（作者提供）

图3-19　二荤铺（作者提供）

　　天合居是创建于清代的北京平民饭馆，允许顾客自带材料加工，与店家提供的菜品合在一起，称为"二荤"。

　　图3-20　北京老字号都一处的饭馆牌匾（作者提供）

茶社，有二荤铺之说。……前门大街左右，都是二荤铺居多……不过柜上带点儿盐水闷炉儿、窝儿薄脆、蜂糕肉馒头（万不能卖鹅油方铺），没有搬壶（即顶大的铜壶），还是不带红炉（即点心）。"都一处，京城有名的饭馆。相传乾隆皇帝微服夜行，至前门大街，在此用膳，赐名"都一处"。今天字号犹存，以"炸三角"最为有名。（图3-19）（图3-20）

各种吃食，如《永庆升平前传》中写道："从东上房走出一人，年约二十有余……甜浆粥的脸蛋，垂糖麻花的鼻子，两道扬眉，一双马眼，配着两个糖耳朵。"这里的甜浆粥、垂糖麻花、糖耳朵都是旧时北京的早点食品。文中借以形容胡大黄白镜子的脸、扇风耳的长相。

物件名如"把打棍"，也作"八道棍""吧嗒棍"，是一种短兵器，六尺之棍，习武之人称为鞭杆。陈刚先生《北京方言词典》中收"八棍儿"（巴棍儿）一词，注为"短棍棒"。另外乞丐手中的打狗棍叫巴棍子。吧嗒棍又指瞎子手中的探路杖，因其在探路时敲击地面，发出吧嗒声。（图3-21）《永庆升平前传》："一声喊嚷，南院出来二十多名打手，紫花布的裤褂，青缎子抓地虎的鞋子，俱是二十多岁，手拿把打棍，将胡忠孝围在院中要打。""大皮缸"，并非皮子所制，而是指三尺来长、广口的大缸。如《永庆升平前传》："大人见上房门外西边有大皮缸三个，一个盛着水，两个盖着酱篷。"

（图3-22）

书中也提到一些旧京娱乐游览之地，如《永庆升平前传》："这一天，马梦太邀他出前门听戏。马成龙说：'没个听头，假打假闹，假杀假砍，没

图3-21　清末盲人乞丐（作者提供）

图3-22 广口大缸（汇图网提供）

图3-23 老北京前门大街（作者提供）

有看头。'梦太说：'菜市口瞧杀人的，那是真的！若不然咱们哥俩到京西游游三山五园，西直门外头瞧瞧高亮桥、万寿山，游游昆明湖，游游绣漪桥，到香山游游碧云寺、卧佛寺，天台山、宝珠洞。'"出前门听戏"是因为京师戏园子都在外城，即前门一带，内城不准设立。"菜市口瞧杀人的"是说清时执行死刑，均在南城菜市口行刑，监斩官在菜市口十字路口西北"西鹤年堂"药店设立桌案。（图3-23）

（图3-24）

"高亮桥"，在西直门外，相传宋太祖伐幽州，与辽将战于高梁河，即是此地，此桥建于元代至元二十九年（1292年）。玉泉山汇流至此，转入护城河，是平民消夏的胜地。"秀漪桥"原作"秀寿桥"，在昆明湖东南，俗称罗锅桥，类似湖西的玉带桥。（图3-25）"天台山、宝珠洞"，天台山，在西山上有天台寺，相传顺治出家后坐化于此，寺僧称为燃灯古佛，肉体成圣。"宝珠洞"是西山

图3-24 《菜市口1898》油画，崔小东绘（作者提供）

八大处风景之一，入洞黝黑，昼不见人，中有神像，俗称鬼王菩萨，与天台上魔王菩萨相对。

图3-25 北京颐和园秀漪桥（作者提供）

味儿正腔圆

老北京俗语民谣

4

中华民国初期白话报刊小说中的俗语

白话报刊小说简说

　　清末至中华民国初期是中国历史、文化发生急剧变革的时期，这个时期的中国文坛可谓空前繁荣，特别是在京津地区，随着当时白话报刊大量涌现，一大批才华横溢的白话作家逐渐为人所熟知。如《清末民初小说书系》序言中所说："当时的北方文坛也不甘寂寞，京津地区也涌现出几十种白话报，知名的《京话时报》《爱国白话报》《竹园白话报》《天津白话报》《白话国强报》等白话报培养了损公（蔡友梅）、徐剑胆、丁竹园（国珍）、自了生、冷佛、市隐、湛引铭、耀公、涤尘、钱一蟹等一批京味儿小说家。（图4-1）他们熟谙京都的逸闻掌故、风土人情，写出地道的京味儿小说，展现了一幅清末至中华民

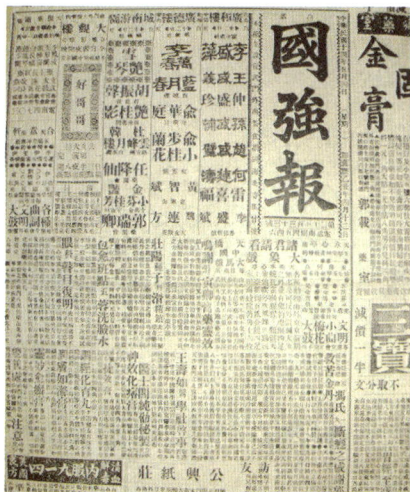

图4-1　清末白话报刊《白话国强》的版面（作者提供）

国初期古都北京的风俗艺术画卷，为研究北京的历史文化留下了宝贵的资料。"

清末至中华民国初期北京的白话报纸上面刊登的无论是新闻、演说还是小说，都是用当时地道的北京话口语写作的。办报人的宗旨就是要使用老百姓的语言，让老百姓看得懂，喜欢看，从而达到教育人民的目的。因此这些白话报刊可谓那一时期北京话的鲜活记录。

1. 损公与《小额》

损公，本名蔡松龄，清末至中华民国初期北京旗人，北京报人小说家。20世纪初，在《顺天时报》、《京话日报》、《益世报》和《白话国强报》等报纸上发表京味儿白话小说百余部。蔡松龄喜爱梅花，故别号"友梅"，报界多以"蔡友梅"称之。又号"松友梅"、"梅蒐"、"老梅"和"遁生"。因其小说多以劝恶扬善为宗旨，以"损人"为能事，故多署笔名"损公"。晚年其还以"退化"为笔名，意在与当年创办的《进化报》相对照。出生于晚清官宦世家的损公，自幼读书，十六岁学医，后随其父蔡绥臣赴山东。之后弃医从文，任《京话日报》《公益报》等白话报编辑。1906年创办《进化报》，1907年开始在《进化报》上连载京话小说《小额》，"于是友梅先生，以报余副页，逐日笔述上说数语，穷年累日，集成一轴"。不久，报社倒闭，损公到归绥任法政讲习所总办。1913年后，陆续在《顺天时

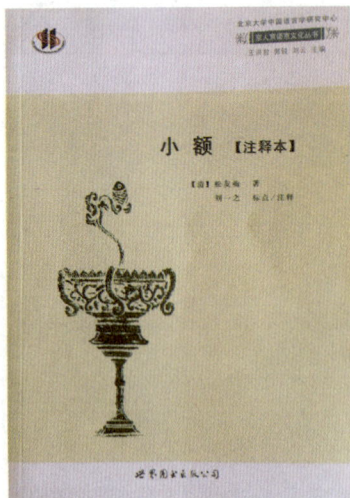

图4-2 小说《小额》封面（作者提供）

报》《益世报》《京话日报》《白话国强报》上连载白话小说，1921年去世。

《小额》最早每日连载于《进化报》，后来在1908年由和记排印书局出版了单行本，弥足珍贵。"小额"是小说主人公的名字，原为仓库局里的库兵，放高利贷，因手下的人滥施暴力而受到牵连入狱，放出后，背上又生恶性毒瘤而受尽痛苦。痊愈后悔改，不再放高利贷，生活悠闲自适，并参与到慈善事业中。书中描绘了催收高利贷的无赖、乘人之危的亲友、无德的医生等形象，展示了当时社会的黑暗面。书中对当时没落旗人的生活有详细的描述，再现了清末北京的人情风俗。(图4-2)

2. 冷佛与《春阿氏》

冷佛，本名王绮，又名王咏湘，生卒年不详，北京内务府旗籍。清末在北京《公益报》做编辑，中华民国初期转为《爱国白话报》编辑。他的作品以中长篇为主，语言的口语化程度很高。冷佛的白话小说有《春阿氏》《未了缘》《井里尸》等，除白话小说之外，他也创作文言小说，《蓬窗志异》（1914年9月初版）即其一。冷佛是个高产的小说家，仅在1914年，就有三部小说问世。冷佛作品中最有名的莫过于创作于光绪年间的长篇纪实小说《春阿氏》。《春阿氏》又名《春阿氏谋夫案》，是根据光绪年间发生在北京城内镶黄旗驻防区域内的一桩实事公案改编而成的小说。此案之审理，旷日持久，引起轩然大波，影响遍及全国，甚至海外。(图4-3)

春阿氏年19岁，是旗人阿洪阿之女，嫁给本旗春英为妻，按照旗人以名代姓习惯被称为春阿氏。春阿氏是旧时代封建包办婚姻的牺牲者，原

图4-3 小说《春阿氏谋夫案》封面（作者提供）

图4-4 春阿氏画像（作者提供）

本已有婚约，未婚夫是她青梅竹马的表弟玉吉，不料对方父母双亡，家里便悍然毁约，将她嫁给春英。婆家的人口复杂，大婆婆严苛，二婆婆刁钻，丈夫愚蛮，一家上上下下都需她伺候，每日不堪其苦。一晚玉吉前来被春英撞见，玉吉一时兴起砍倒春英。待婆家发现时，春阿氏一口咬定是自己失手杀了丈夫。该案经官府审理，久拖不能定夺，后虽审定为永久监禁，春阿氏却于狱中病死，玉吉亦殉情而去。（图4-4）

这部17万字的著作用地道的北京话写成，全书完整地保存了清末至中华民国初期的北京话面貌，语言生活化、口语化，为研究这个时期北京话提供了真实可靠的资料，具有极高的语料价值。作者在书中对俗语的巧妙运用，使人物的善于辞令，妙语连珠跃然于纸上，并展示了北京老百姓日常生活的常用语、称呼、民俗风貌，是了解清末北京社会生活、风土人情的绝佳材料。

3.《白话聊斋》

《白话聊斋》也叫《说聊斋》或《讲演聊斋》，于1922年至1928年刊登在北京《实事白话报》上。（图4-5）这个《聊斋》可以看作是说书人讲述蒲松龄《聊斋志异》故事的脚本。大多是庄耀亭的作品，仅少数几篇是湛引铭所作的。据孙德宣先生研究，这二位作者都是北京人，庄耀亭是满族，湛引铭可能是杨曼菁的笔名。

这两个人的生平虽然不详，但是其作品确是用北京话写成，在《实事白话报》上连载，每次七八百字。所讲篇目如下：《封三娘》《章阿端》《湘裙》《贾奉雉》《席方平》《霍女》《商三官》《侠女》《姚安》《折狱》《大力将军》《人妖》《向杲》《天官》《凤阳士人》《林四娘》《大男》《窦氏》《江城》《申氏》《娇娜》《乔女》《织成》《钟生》《颜氏》《八大王》《侠女》《丑狐》《土偶》《邢子仪》《萧七》《狐谐》《阿绣》，共33部。

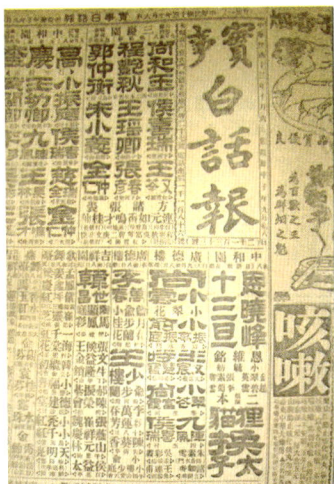

图4-5　《实事白话报》版面（作者提供）

白话报刊小说中的俗语

1. 活泼俏皮的"子尾"俗语

这一时期的京味儿作品中鲜活地记录了大量的老北京俗语，其中有很多"子尾"俗语，以三字格为主，"子"均读轻声，饶有趣味。

《小额》中的俗语：

"三青子"，意思是浑，或者浑人。如："紧跟着又说了些个三青子的话。""得（读dǎi）苦子"，指吃亏。如："一瞧青皮连要得苦子，嗬！七言八语的全来啦。""酒幌子"，意思是借酒撒疯。如："李顺一瞧，这位六老太爷喝了个酒气喷人，舌头都短啦，知道是又碰的酒幌子上啦。""照影子"，就是起疑心。如："因为这位先生一听知柏地黄丸很透像儿，也照了影子啦，把我找了去，直追问这回事。""假椇子"，就是假客气，假客套。如："赵华臣拉着小额的手，假装着急心疼，咳声叹气，闹了会子假客气（俗话是假椇子）。""吃别子"，第二字读biè，意思是建议或请求，被人拒绝。如："小文子儿一听，也没敢再言语（娘儿两个不偏不向，都吃了一顿别子）。""打快勺子"，意思是看准机会就捞一把钱。如："霍乱季儿，打了一阵子快勺子。过了霍乱季，一闹冬瘟，老先生就抓啦。""力把儿勺子"，"把儿"读作beir，"力把儿勺子"指外行，形容其对某方面一窍不通。如："王先生这么一路胡搞，好在额家都是力把儿勺子，听他这话，就深信不疑。""犯牛脖子"就是犯倔强脾气。如："你哥哥就是这种脾气，人家来赔不是就得啦，他老是犯这道牛脖子。""起贼尾（读yǐ）子"，意思是做贼心虚。如："后来给人包治打胎来着，打死了一口子，本家儿倒没不答应，他自己起了贼尾子啦，收拾了收拾，半夜里就起了黑票啦。"

《春阿氏》中的俗语：

"溜蒿子"，就是哭，掉眼泪。如："按着老妈妈例儿说，平白无故你要叹一口气，那水缸的水都得下去三分；像你这每日溜蒿子，就得妨家！"这句中"老妈妈例儿"的"例儿"读作"令儿"，意思是老婆婆们所讲究的道理，也作"老妈妈论儿""妈妈令儿"。"打吵子"，指吵架，混闹争喧，"打"字读阳平，也作"吵包子"。如："所以他们夫妇总是打吵子，我在暗地里也时常劝解。""软须子"，指跟随阔少帮闲的无赖之徒。如："文光的牛录普津，有个兄弟普云，此人有二十多岁，挑眉立目，很像个软须子。""拧勺子"，是出了差错的意思，也作"拧葱""拧了葱"。如："要专信你的话，全拧了勺子啦。"

《白话聊斋》中的俗语：

"吃圈子"，意思是设圈套。如："南某说这是没有的事，这不定是哪儿打发来的，八成许是要吃圈子。""裹秧子"，意思是添乱。如："咱们哥儿俩没碴儿、没炸儿犯得上跟他们裹这个秧子。""对嘴子"，意思是当着对方证明某人说的话，对话茬儿。如："从前原是说着玩儿，不想真有了对嘴子，这一来反倒弄假成真。""叫条子"，旧指招妓女侍酒。如："老年间虽然没有警察，也不能在酒铺儿里叫条子。""整脸子"，指很严肃、不随便嬉笑的面容。如："要说人家这位姑娘，可跟普通的姑娘不同；不但平日不爱说话，外带着还是整脸子，称得起面如桃李，冷如冰霜，走起道来，目不斜视。""斗闷子"，表示开玩笑。如："没事跟姑娘儿一斗闷子，自觉总算开了心啦。""里码子"，指自己人，自家人。如："这事要换在别人身上，无多有少得沾个光，咱们都是里码子，过不着那套。""休窝子"，表示腼腆，怕见生人的人。如："大家听说不肯见客，都以为必是休窝子。"

2. 形象生动的"AABB"并立式俗语

"AABB"式四字格是清末北京话语汇的一个特色。曾有学者就《春阿氏》中的"AABB"式形容词进行过语用研究，认为其一是强化语义程度，二是贴切描摹状态，三是协调节奏韵律，四是舒缓表达语气。这些语用效果，在一定程度上反映了京味语言风格。损公作品中"AABB"式俗语有：恶恶实实、毛毛腾腾、影影响响、忙忙叨叨、巴巴结结、孤孤单单、单单恻恻、乱乱哄哄、隐隐约约、闪闪烁烁、犹犹豫豫、恍恍惚惚、鬼鬼祟祟、和和平平、悲悲切切、支支离离、迷迷糊糊、满满当当、憨憨傻傻、疯疯癫癫、昏昏暗暗、原原本本、荒荒乱乱、稳稳当当、浩浩落落、和和气气、客客气气、离离奇奇、秃秃噜噜、溜溜达达、数数落落、抱抱怨怨、哭哭啼啼、是是非非等。

试举几个《小额》中的例子："拿了一个烟铲儿，掏出自己的一个铜盒子来，打开广膏的烟缸子，恶恶实实的，了啦一下子。""恶恶实实"，指某些爱占便宜的人，得着机会便会充分占别人便宜的表现。《儿女英雄传》中的"恶恶实实"指眼神凶恶，神态极不友善。

如："何玉凤听了这话……只抬起眼皮来恶恶实实地瞪了人家一眼。""说完了，毛毛腾腾地站起来就走啦。""毛毛腾腾"，指因性情急躁而显得举止粗鲁。后一毛字读轻声，腾字阴平。"小文子儿的媳妇……心里一难受，回到自己的屋子里，数数落落地就哭起来了。""数数落落"，指不停地抱怨。"可又说了个影影响响的，似真非真。""影影响响"的影指影像，响指声音，意思是说某事让人觉得若有若无、无法确定。如《儿女英雄传》中有"影响不知"，

图4-6　何玉凤画像（作者提供）

意思是毫不知情，跟现代汉语中所说的"影响"（对人或事发生某种作用）之意不同。（图4-6）

《春阿氏》中通篇共出现124种"AABB"式词语，按照其词性，包括形容词、动词、名词、数词几种。如：形容词——悖悖谬谬、颤颤巍巍、痴痴呆呆、痴痴憨憨、痴痴怔怔、颠颠倒倒、端端正正、对对敷敷、疯疯癫癫、好好端端、惊惊恐恐、惊惊怯怯、坷坷坎坎、磊磊落落、迷迷离离、渺渺茫茫、凄凄惨惨、凄凄恻恻、凄凄楚楚、凄凄切切、盛盛武武、琐琐碎碎、坦坦然然、威威武武、威威赫赫、委委屈屈、消消停停、兴兴头头、羞羞怯怯、羞羞涩涩、悠悠荡荡、怔怔痴痴、支支离离、庄庄重重；动词——唱唱喝喝、搭搭讪讪、叨叨念念、叨叨絮絮、哽哽咽咽、唧唧哝哝、啾啾咕咕、口口声声、嗳嗳哝哝、飘

飘荡荡、数数落落、拖拖弄弄、呜呜嚷嚷、呜呜咽咽、心心念念、验验瞧瞧；名词——处处般般、哥哥嫂嫂、公公婆婆、果果因因、男男女女、前前后后、亲亲友友、生生世世、是是非非、言言语语、因因果果、早早晚晚；数词——千千万万；等等。

"AABB"式结构比较松散，有时也说出"BBAA"。如"怔怔痴痴"和"痴痴怔怔"："满屋的亲亲友友，团聚说笑，惟有三蝶儿一人，吃不下，喝不下，坐在屋里头，怔怔痴痴地好生烦闷。""三蝶儿痴痴怔怔，没得话说。""念念叨叨"和"叨叨念念"："一见阿氏走出，翻身起来，念念叨叨地骂个不住。""谁想三蝶儿心里全不谓然，终日叨叨念念。""笑笑嘻嘻"和"嘻嘻笑笑"："二正遂高声嚷道：'奶奶，我二叔来啦，'普二笑笑嘻嘻，拉了二正的小手，一同走入。""二正站在一旁，嘻嘻笑笑的，比作抹眼儿的神气，又咚咚地跑了。""因因果果"和"果果因因"："世间的因因果果，丝毫不爽。""反正这一切事情，我都知道，及至春阿氏死在监狱里，我也把前前后后，果果因因，一件一件的，记在日记。"

还可以将"AABB"中的"AA"或"BB"替换成其他成分，组合成一个新的"AABB"式词语。如："迷迷糊糊""迷迷瞪瞪""迷迷离离"："哎呀，我的姑娘，怎么迷迷糊糊的，连我也不认识了。""三蝶儿迷迷瞪瞪，高声答应一声，下地便走。""转身便出了胡同，迷迷离离，走出安定站外。"再如"嘟嘟念念"和"嘟嘟嚷嚷"："走堂的去了半日，举着报纸过来，口里嘟嘟念念。""不想他忽然坐起，口内嘟嘟嚷嚷，不知说些什么。"

"AABB"式词汇颇具京味儿特色，表意效果特殊，描摹形象惟妙惟肖，同时又具有韵律、节奏，展示了特有的京味文化。

3. 风趣幽默的歇后语

损公作品中运用了很多精彩的歇后语，如逻辑推理型歇后语"住外婆家偷烟袋——没骨头算到了老老家啦"，形容人的品德差到极点。"没骨头"，意思是说人德行不好，令人鄙视。"老老"应作"姥姥"，即外祖母，"到了老老家"，意思是形容到了极限。如损公《铁王三》："人都管他叫王九赖，品行道德不能提，咱们说句歇口语罢，住外婆家偷烟袋——没骨头算到了老老家啦。"谐音型的歇后语，如"一根耙齿儿——你不用搂了"，这里的"搂"取谐音应为"瞜"，意思是看。

从某些谐音型歇后语的谐音可以窥见其来源。如"粮食店搬家——斗是我的"（意思是全部都是我的，不必担心），"斗"取谐音应为"都"。"都"表示全、都义时，北京话发音为dōu，沈阳话说"都是"时前字读成dǒu，与"斗"音同。说明这句歇后语应出自清初随满族人入关的旗籍汉族人之口。如损公小说《铁王三》："我跟三哥说句外话，粮食店搬家——斗是我的，你就等着当新郎罢。"

再如"地葫芦——不搭架"，"地葫芦"是何首乌的一种，又名甘露儿、宝塔菜（图4-7）等，常用于制作酱菜。名为"葫芦"，实则不是"葫芦"品种，因此种植时不需要搭架子。"搭架"取谐音应为"打架"，意思是拒绝跟人打架、动手。如损公小说《小蝎子》："毛豹说：'起来打呀。'孙二狗连连地摇脑袋说：'我是地葫芦——不搭架。'"语出

图4-7　宝塔菜（汇图网提供）

自《五人义》。《五人义》可能是评书，一说是豫剧的传统剧目，因此这条歇后语应是出自当时的艺人之口而流传起来的。

有些歇后语有格式化的特征，如"属……的"，这种歇后语结构固定，但内容灵活。"属"的内容不在十二属相之列，多为天马行空的虚设，常带有幽默、讽刺的意味，表义与后一分句有密切关联，给人以形象之感。如："属凤凰的——无宝不落""属磕头虫儿的——会装死儿""属驴车的——往后捎""属黄花儿鱼的——就该溜了边儿啦""属狗的——打胜不打败"。"属凤凰的——无宝不落"，意思是无论是什么好事都想沾到好处。如《小额》："再说这位王亲家，也是属凤凰的——无宝不落。""属驴车的——往后捎"，"捎"指骡马等稍微向后倒退，意思是退缩，没有勇气做某事。如《鬼吹灯》："那天毛春子一瞧，二成在头里跪着，说：'少爷，你属驴车的——往后捎呀，让你哥哥在头里。'""属狗的——打胜不打败"是讽刺人像群狗一样，占上风时汪汪叫，极为猖狂，等到一出事就四散奔逃。如《小额》："平常没事的时候儿……狗仗人事……赶到楼子一出来，您瞧吧，属狗的——打胜不打败……全不露面啦。"

还有的歇后语与域外人有关，即利用外国人或其特色来说歇后语，多带有幽默的色彩。与域外人有关的歇后语流传，说明当时的北京与域外的文化交流已非常深入。"俄罗斯打官司——一点照应没有"，意为无人关照。外国人在华打官司，因在衙门中无人可托，故无照应。这里"罗"读le，轻声；"斯"字读sù。如《小额》："到了北衙门，一进门儿就是开锅儿烂（就是挨打），打完了一收，俄罗斯打官司——一点照应没有。"也作"俄罗素打官司——一点儿照应没有"。"日本人说睡语——跟我勾钢哪"，睡语指梦话；勾钢哪，模仿日语发音，此为谐谑语，取谐音"勾"，表示串通、勾搭，为贬义。如损公《一壶醋》：

"这小子是日本人说睡语——跟我勾钢哪。勾也是瞎勾，我先送你那四色礼，我是瞧瞧你什么变的，以后咱们是长虫摘嚼子——少套拉笼。"还有研究著作中收："抽大烟的说睡语——掉掉边""拉车的说睡语——打住""卖煎饼的说睡语——贪（摊）大发了""卖羊肚儿的说睡语——哪块摆""卖莲蓬的说睡语——瞎一个""裱糊匠说睡语——难和（糊）""剃头的说睡语——搜搜边儿"。北京是五方杂处之地，各地人汇聚京城，同时也将其方言带至此地。

另外由于曲艺的广泛流行，使得某些方言的语汇成为当时的流行语，妇孺皆知。如"奉天人有话——要露露意思"，"奉天"是沈阳市的旧称，"露"读作 lòu，让人看见，当众显耀之义。可能是当时流行的东北方言，意思是让别人瞧瞧自己的厉害。如损公《忠孝全》："他想了一个买知事的法子……他好当大拿，让本处绅士们好瞧一瞧。奉天人有话——要露露意思。""魏铁嘴有话——登登啦"："登登"指人死，读作 dēngder，应为"蹬蹬"，因人死多蹬腿儿，此为谐谑语。后一登字儿化、轻声。如《小额》："鼻子嘴里，往外一喷这个紫血块子，没到晌午，魏铁嘴有话——就登登啦。"

"猴儿舔蒜罐子——干翻白眼儿"："蒜罐子"（图4-8），砸蒜用的罐子；"翻白眼"，表示为难或不愿意之情。猴子吃蒜辣得翻白眼，只能翻白眼，没有解决的方法。如《小蝎子》："我的少爷，你别哄了，你要马二把下河拿鸭子，我可就猴儿舔蒜罐子——干翻白眼儿。"也作"猴儿舔蒜罐子——不是滋味

图4-8　蒜罐子（汇图网提供）

儿""猴儿吃芥末——翻白眼儿"。

"溜肩膀儿——不吃劲儿"：意思是没什么了不得的，没关系。如《姑做婆》："你敞开儿搂不吃劲儿。"《小额》："不要紧，这件事情溜肩膀儿——不吃劲儿。"

"黄雀儿母子——怕算不了麻儿"：黄雀儿，读作 huángqiǎor，是北京人常养的一种鸣禽，雄鸟鸣叫（北京话称为"哨"），雌鸟不鸣，所以雄鸟值钱而雌鸟不值钱。"母子"，不是母与子之义，是指雌性黄雀儿，因为不值钱，所以"算不了麻儿"，就是说这件事算不了什么。如《小额》："就说这件事，跟您说句外话，黄雀儿的母子——怕算不了麻儿。"（图4-9）

图4-9 黄雀儿（作者提供）

"练什么吧——闹油"：陈刚先生所著《北京方言词典》收有"闹油儿"一词，释曰：①犹豫不定；②闹脾气。《小额》书中此处是某人嘲讽另一人练射箭，做事不着调、异想天开。如《小额》："这个说：'练什么吧——闹油。咱们这样儿的，还得了哇！'"

"率料子活——伺候不着"："率料子活"，其义不详。如《小额》："我说你们错翻了眼皮啦，硬打软熟和是怎么着？要打算赔不是，那是你们自己去，我认得你们是谁呀！率料子活——我简直的伺候不着！"

"席头儿盖上——都有一个了"：意思是指什么事都有结束之时。"席头儿盖上"是说人死了，用席子盖上。"了"，表示结束，意谓人终免不了一死。而人死了拿席一盖就算完，又暗含死者一无所有之义。如《小额》："再说天下人管天下事，常言说得好，席头儿盖上——都有一个了。"

"火纸捻儿比号筒——你差得粗呢"：形容水平、程度比人差得远。火纸捻是过去点火用的引火用品，搓成细条使用，自然比号筒细得多。如《小额》："别瞧你也在六扇门儿里头待过，要说办这些个事的话，火纸捻儿比号筒——你差得粗呢。"

"羊肉包子打狗——永不回头"：指一去不回，现多说"肉包子打狗——有去无回"。如《小额》："胎里坏这一去，应了一句俗语儿啦，真是羊肉包子打狗——从此就永不回头了。"也作"羊肉包子打狗——一去不回头"。

"长虫摘嚼子——少套拉笼"：指拒绝别人与自己拉关系。长虫，指蛇。摘，指摘掉。嚼子，马勒口。套拉笼，指套辔头，谐音指套近乎，套交情。如《一壶醋》："子英上手本又叩了一回谢，心说：这小子是日本人说睡语——跟我勾钢哪。勾也是瞎勾，我先送你那四色礼，我是瞧瞧你什么变的，以后咱们是长虫摘嚼子——少套拉笼。"

"长虫吃扁担——老先生直啦"：形容因惊讶而目瞪口呆的样子。如《一壶醋》："子英这几句话不要紧，乐太守闹了个长虫吃扁担——老先生直啦。同席的人，也都不好搭茬儿。"

"吊死鬼诈尸——挂不住啦"：一般形容令人难堪，没面子。如《一壶醋》："子英这几句话，老乐真有点吊死鬼诈尸——挂不住啦。人家说这话理由充足，人面子上，自己很觉难受。"也说"吊死鬼抹脖子——挂不住劲儿"。

图4-10　支炉儿，老北京烙饼用的炊具（作者提供）

"打一个黄布匾的说辞——有求必应"：形容不会拒绝别人。黄布匾，旧时迷信的人用黄布做成匾供奉神像，上面常写"有求必应"四字。如《一壶醋》："无论亲族人等借贷，他打一个黄布匾的说辞——有求必应。"

"树林儿里放风筝——绕住了"：常形容人自己想不明白，或被其他的事情弄糊涂了。如《鬼吹灯》："三哥，你是树林儿里放风筝——绕住了，三姐要不知道，崇儿也不敢办哪。"

"支炉儿烙剩面——不是好饼"：支炉儿是烙饼用的专用炊具，圆形陶质，正面微凸遍布小孔，烙的饼上面会有孔的印迹。"不是好饼"指不是好家伙。如《鬼吹灯》："崇儿这孩子，简直是支炉儿烙剩面——不是好饼，趁早把他解回原籍。"（图4-10）

"钢口条子——卖的就是嘴"：此为江湖春典，指好刀的刀刃锋利，比喻人的嘴能说会道，特别指江湖卖艺的人能凭嘴欺哄人。如《鬼吹灯》："那位说了，你们卖药的，竟是钢口条子——卖的就是嘴，告诉您说，惟独我这个卖药的厉害。"（图4-11）

"烧饼油炸果——买一包饶一包"：油炸果，读作 yóuzhaguǐ，即今天所说的油条，旧日京城最常见的早餐食品，也作油炸鬼、油鬼，因鬼字不雅驯，多写为果（仍读为鬼）。"饶"是附加、白送之义，即买一包送一包，意思是说东西不值钱。如《鬼吹灯》："要说连发带卖，我这不是烧饼油炸果——买一包饶一包。"（图4-12）

"水牌上的话——说过了一抹儿"：水牌，是饭馆、店铺记流水账的牌子，用木板或铁板制成，约二尺长，钉在墙上，或黑底儿，用白粉写，或白底儿，用墨笔写，随手记下赊欠的账目，又很容易用湿布擦掉。"抹儿"，读mǎr，指擦、抹去。水牌记事，随用完随擦掉，意思是随口一说，不必认真。如《姑做婆》："姑奶奶你别起急，我那是水牌上的话——说过了一抹儿。你既不愿意，作为我没说。"

图4-11 老北京卖野药的（作者提供）

图4-12 油条（汇图网提供）

"阴天晒被褥——白搭"："搭"，表示晾晒，阴天晒被褥，没有任何效果。意思是说所做的事情无效果。如《忠孝全》："您别瞧这个'西游'，关系至钜且大……交朋友你请他吃饭听戏，那叫阴天晒被褥——白搭。总得一块儿取上经啦，感情也密啦，什么话也都说啦。"还作"阴天晒衣服——白搭"。

"白莲教的房子——邪门儿":"白莲教"原为旧时的一个异端教派。"邪门儿"是北京话俗语,常于对某事表示诧异时说,意思是对什么事情表示奇怪。如《小蝎子》:"这是没有的事情,大哥老老实实的,这真是白莲教的房子——邪门儿。老爷子跟大嫂子也就别瞎着急了。"

"马二把下河——拿鸭子":"拿鸭子"谐音"拿丫子",也说"挠丫子",表示放开脚步快走或小跑,也表示走人、离开。"鸭子"其实就是"丫子",也就是"脚丫子"之省略说法,脚的趾头分开像"丫"字形,故名。与"拿丫子"的相近说法有"挠丫子"。这句歇后语的意思是溜走了,跑了。如《小蝎子》:"我的少爷,你别哄了,你要马二把下河——拿鸭子,我可就猴儿舔蒜罐子——干翻白眼儿。"

"锔碗儿的戴眼镜儿——找岔儿来了":"锔碗儿",一种传统手艺,把瓷器、陶器、器皿等破裂的地方锔合在一起。"岔儿",指碎碗的裂缝。"找岔儿"取谐音应为"找碴儿",表示寻衅滋事,无理取闹。如《铁王三》:"王英一瞧这宗神气,心说这两块料,跑这儿唱《法门寺》来啦,这是锔碗儿的戴眼镜儿——找岔儿来了。"另有"锔碗儿的挑子——不幌不响"。(图4-13)

"捡来的麦子打烧饼——那是咱们的":意

图4-13 老北京锔碗儿的手艺人（作者提供）

思是不花钱，白白得来的。如《铁王三》："事不宜迟，就跟他打官司呀，反正咱们是捡来的麦子打烧饼——那是咱们的。"也作"捡来的麦子打烧饼——没本儿没利儿"。

"马勺里的苍蝇——混饭儿吃"："马勺"指用半个槟榔壳做成的勺，勺子把儿是木制或竹制的。用这种勺做粥、熬豆汁、做汤没有铁锈味，适合在砂锅里使用。"混饭儿"，意思是非主要人物，跟随别人的人，不起主要作用。如《铁王三》："我在这个团体里，无非是马勺里的苍蝇——混饭儿吃，我是被动力，原动力是九太爷和假秀才。"

"山东儿要账——一软二硬"："山东儿"即山东人，清末有许多山东人在北京做事，多开饭馆，做伙计，因此伙计也称"山东儿"。这句话应该是说其要账的方式，先来软的，说好话，不行再来硬的，强行要。如《董新心》："侯李两个人，是山东儿要账——一软二硬。侯三去恶人儿，李和尚去那个好说话儿的。"（图4-14）

"狗熊带表——怯外面儿"："怯"表示土气，"怯外面儿"是形容土气的人。又土又愣的人叫"怯愣儿"，读 qièlēngr，过去称说话带外地口音叫"怯口"。这句话的意思是笑话人土气。如《麻花刘》："刀伤常把蛤蟆嘴撇了

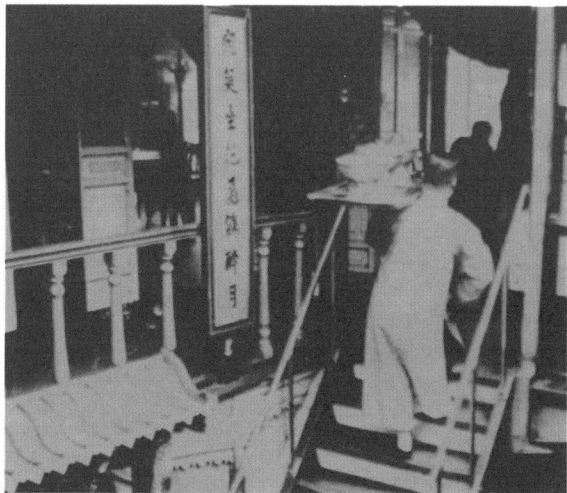

图4-14　中华民国初期饭馆里的伙计（作者提供）

两撇，呦呦了两声，说：'还不错呢，就凭你这个狗熊带表——怯外面儿，装那道人孙子呢。'"

"一根耙齿儿——你不用搂了"："耙"，一种传统农具，用于翻地、碎土、堆肥等。其上有很多齿，类似梳子。"搂"，是指搂土，即翻土，而一个齿儿的耙是没法搂土的。这里"搂"应理解为"瞜"的谐音，表示"看看"之义。"一根耙齿儿，你不用搂了"，意思是说没有必要看了。如《姑做婆》："狗爷说：'我得搂搂。''老头子'赵爷说，'一根耙齿儿——你不用搂了，一搂就散，难道你还不放心吗？'"（图4-15）

"二两五挑护军——假不指着的劲儿"：意思是装作无所谓，根本没有指望。"护军"，是清代守卫宫城的八旗兵。护军饷银，在清初

图4-15　农业工具耙子和铲子（作者提供）

图4-16　《乾隆大阅图》第三卷局部，清，郎世宁绘，画面主要展现乾隆皇帝及其护军（作者提供）

是月支四两，后来逐渐减少，光绪至宣统年间，只按七成发放，层层克扣，只能拿到二两五左右。"挑"，是充当的意思。挑上个护军，也很高兴，人们都指望着挑上，说不指着，那是假话。如《春阿氏》："普二悄声道：'你过于糊涂，我看这孩子的神气，满是二两五挑护军——假不指着的劲儿。'"（图4-16）

"没事扔质子——吃饱了撑的"："质子"，即练把式的石墩子、石锁。"没事扔质子"，意思是平日无故扔石墩子、石锁玩儿。如《春阿氏》："怪热的天，没事扔质子——真可是吃饭撑的。"（图4-17）

"扫帚戴帽子——都拿着当好人"：意思是把别人都当成是好人。如《春阿氏》："老太太，您知道什么？扫帚戴帽子——都拿着当好人。"

图4-17 质子，练把式用的石锁（作者提供）

"攒馅儿包子——晚出屉"：意思是笑别人为晚辈、后辈，不如自己。"攒"读作 cuán，意思是"杂聚"。"攒馅儿"，是蒸食馅儿的一种，杂多种菜肴做成，质量很差，做成的包子要在最后卖，所以晚出笼屉。如《春阿氏》："小钰子，不是二哥拍你，攒馅儿包子——你有点儿晚出屉。"

"老虎戴素珠儿——充假慈悲"：意思是用虚假的善心，欺骗别人。如《春阿氏》："你们娘儿俩，也不用老虎戴素珠儿——充这道假慈悲。"

"缩子老米——差着廒"：表示差很多，比不过的意思。"缩"也作"梭"，梭子米，即质量较差的，细而长的粗米；"廒"，是仓廒，盛谷米的地方，过去粗米细米要分开存放。如《春阿氏》："小钰子的话，到底是小两岁，不怨你薄他。俗语说得好，缩子老米——他差着厩哪。"

"木头眼镜儿——瞧不透"：即看不出来、看不起，不相信的意思。如《春阿氏》："你这'神眼'的外号儿，我是木头眼镜儿——有点儿瞧不透你。"

"狗咬尿泡——瞎喜欢"："尿"，读作 suī，"尿泡"即膀胱。狗把尿泡当成是一大块肉，结果是空欢喜。如《春阿氏》："德树堂道：'狗咬尿泡——不用瞎喜欢。案子到部里翻案的多着呢。'"

"有事吗——不搭棚"：这是用反问的语气指对方没事。北京旧俗说"有事搭棚"，指办红白喜事，都要搭罩棚。如《春阿氏》："有事吗——不搭棚？既往这里来，就是没事。"（图4-18）

图4-18 老北京棚匠（作者提供）

味儿正腔圆

老北京俗语民谣

5

现当代京味儿作品中的俗语

　　20世纪20年代至40年代京味儿作品的代表人物当属老舍先生。20世纪80年代京味儿作品以邓友梅、刘心武、叶广岑等作家为代表。下面重点介绍一下老舍先生及邓友梅先生的作品。

现当代京味儿作家及其代表作品简说

　　1. 老舍及其代表作品

　　老舍（1899—1966），本名舒庆春，字舍予，生于北京，满族正红旗人。中国现代著名小说家、剧作家。1924年远赴英国，任教于伦敦大学东方学院，并开始创作长篇小说。归国后曾在齐鲁大学、青岛大学教书。（图5-1）

图5-1　老舍先生（作者提供）

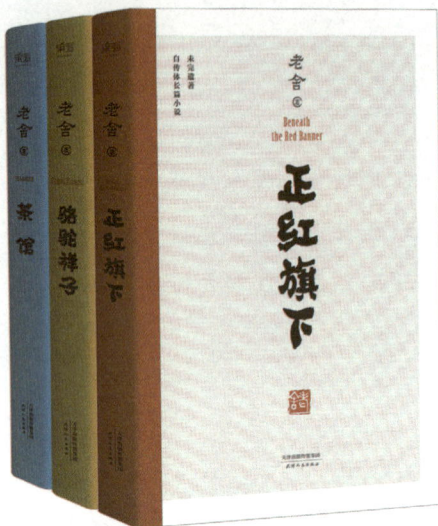

图5-2 老舍先生代表作品（作者提供）

老舍先生在他40多年的创作生涯里，创作了近百部小说和三四十部剧本。代表作品主要有长篇小说《老张的哲学》《骆驼祥子》《四世同堂》《正红旗下》等，中篇小说《出口成章》《我这一辈子》等，中篇小说集《月牙集》等，短篇小说集《微神集》《樱海集》《贫血集》等，戏剧《龙须沟》《茶馆》等。作品大都取材于社会底层平民生活，口语风格浓郁，呈现出独具特色的京味儿特征。老舍先生的作品曾被翻译成20多种不同文字的版本。（图5-2）

《四世同堂》用通俗、地道、富有生活气息的北京口语来写北京人和北京事，并将经过提纯加工的北京话口语运用到叙述、描写和对话之中。《正红旗下》是一部自传体小说，也是老舍先生生前最后一本小说，描述的是清朝末年北京城内满族旗人的生活。《茶馆》创作于1957年，是当代话剧的精品，生动地描绘了北京市井生活与

图5-3 老北京人力车夫（作者提供）

民俗风情，散发着浓郁的京味文化气息。《骆驼祥子》主要讲述了新中国成立前北京人力车夫的辛酸生活。（图5-3）

2. 邓友梅及其代表作品

邓友梅，1931年出生于天津，笔名右枚、方文、锦直等。1942年参加抗战，1945年到新四军任文工团员、见习记者。1950年调到北京文联工作，发表小说《在悬崖上》引起轰动。曾连续五年获全国优秀中短篇小说奖。（图5-4）

图5-4　邓友梅先生（作者提供）

其"京味儿"小说代表作品《那五》《烟壶》等，大都取材于旗人的故事，以其独特的视角，描绘出旗人的生活画卷，给人以历史的感悟和现实的启示。邓友梅在北京工作生活了四十余年，1957年被下放，与同样下放的八旗子弟以及来自北京的各色人物交往。"文革"后期，他回到北京，在离住处不远的陶然亭，结识了不少北京梨园界、文物界人士，以及像聂小轩这样的烟壶匠人。同时，邓友梅曾深入研究鼻烟壶，不但身体力行吸起了鼻烟，而且收集了大批古今中外能工巧匠精制的鼻烟壶。于是，他尝试用北京市民的心态语言描述北京人的故事，将之称为"探讨'民俗学风味'的小说的一点试验"，发表了《那五》《烟壶》等充满老北京风情的作品。（图5-5）（图5-6）

《烟壶》是邓友梅民俗小说的代表作之一。作品以落魄旗人乌世保的传奇经历为线索，展现了一幅光怪陆离的清末社会风俗画卷。作者为烟壶作传，通过它描摹世态人情，折射民族文化精神。他将风物志与地

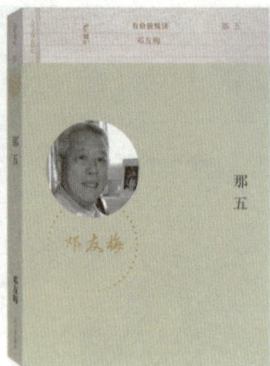

图5-5　小说《那五》封面图（灵极限提供）　　　图5-6　小说《烟壶》封面图（作者提供）

方志、历史与经济等各种知识和风土人情熔为一炉，描写了上层贵族、洋奴汉奸、市井子民、三教九流等不同阶层、身份、性格的人物，其言行举止带着典型的北京地方生活气息，具有浓郁的地域特征。（图5-7）

图5-7　北京曲剧《烟壶》剧照（作者提供）

现当代京味儿作品中的俗语

老舍先生曾说："从生活中找语言，语言就有了根；从字面上找语言，语言便成了点缀。"老舍热爱北京，作品中处处可以体会到地道的老北京的生活气息，各种行业、各种吃食都让读者如闻其声、如见其形。如旧时牙行的规矩，有"成三破二"之说，即从买方（成）提取百分之三的佣金，从卖方（破）提取百分之二的佣金，合计百分之五；成交额越大，提取的佣金也就越多。老舍先生把它体现在《四世同堂》里："有他在中间，卖房子的与买房子的便会把房契换了手，则他得到成三破二的报酬。"

再如"打鼓儿的"，指旧时北京街头敲着小鼓，收买旧货、旧衣服的小贩。（图5-8）《骆驼祥子》中

图5-8　漫画《打鼓儿的》（作者提供）

有："祥子由那些旧衣服中拣出几件较好的来，放在一边儿；其余的连衣服带器具全卖。他叫来个打鼓儿的，一口价卖了十几块钱。"

《离婚》中有："各色的青菜瓜果，从便宜坊的烤鸭，羊肉馅包子，插瓶的美人蕉与晚香玉，都奇妙地调和在一处。"《正红旗下》："假若一定问我，有什么值得写入历史的事情，我倒必须再提一提便宜坊的老王掌柜。他也来了，并且送给我们一对猪蹄子。""便宜坊"前两字要读 biànyì，这是因为最早开设这家售卖简单吃食的店铺时，叫作"便意坊"，就是方便、随意、合适的意思，后来才改"意"作"宜"，但人们还是按照习惯来叫 biànyì。（图5-9）

图5-9 便宜坊（孙一泓摄）

图5-10　《鸿鸾禧图》，关良绘（作者提供）

图5-11　老舍小说《牛天赐传》插图（作者提供）

　　再如"压轴儿"一词，"轴儿"读去声、儿化，也说"压轴子"。"轴儿"或"轴子"，是北京人听戏时的专门用语，杨懋建《京尘杂录》中写道："梨园登场，日例有三轴子。日轴子客皆未集，草草开场；继则三出散套，皆佳伶也；中轴子后一出，曰压轴子，以最佳者一人当之；后此，则大轴子矣。大轴子皆全本新戏，分日接演，旬日乃毕。"如《四世同堂》中有："西单牌楼的一家剧场演义务戏，戏码相当硬，倒三是文若霞的《奇双会》，压轴儿是招弟的《红鸾禧》，大轴儿是名角会串《大溪皇庄》。""倒三"也叫"倒第三"，也与"压轴儿"有关。"她唱倒第三，有好多人专来捧她，她今天要是不露，得，一个人一喊退票，大伙儿准跟着起哄，至少也得把茶壶茶碗都摔了。"这是因为最后一出戏叫"大轴儿"；"大轴儿"之前为"压轴儿"，也叫"倒二""倒第二"；"压轴儿"之前为"倒三""倒第三"，最初为"帽儿戏"，即开场第一出戏。（图5-10）（图5-11）

　　北京人骂人常说一个词"姥姥"，"姥姥"是一个否定意义的语气词，表示不行、没门儿或不相信、不服气，是粗野的口气，一般只出现在男人的口里。《骆驼祥子》中有："我管教女儿，与你什么相干？揍我？你姥姥！你也得配！"意思是说：你想揍我？根本没门儿，你小子还不够资格，还差得多！"怯货"，是胆小鬼的意思。《离婚》中有："老觉得自己是个新人物，有理想，却原来是地道的怯货，不敢向小科员们说半个错字，不敢给他们作开心的资料！""怯场"为紧张害怕的意思。《四世同堂》中有："她的嗓子并不比以前好，可是做派十分老到。她已不怯场，而且深知道必须捉到这个机会，出一出风头。""怯劲"还指性生活不力。如《牛天赐传》中有："可是自己已经五十多了，恐怕不易再生小孩了；况且牛老者那个怯劲。"

　　有些词语，尽管词形与普通话相同，但在北京话中却有不同的读音。"自己"的"自"，在北京话里一般都读作阳平 zí，"己"读轻声，"自己"读作zíji。如《离婚》："什么李先生赵先生，官腔；小赵，老李，多么痛快，多么自己。"这里的"自己"，指亲近、近乎，关系亲密、自家人。与此类似，"自管"是副词，是尽管、只顾的意思。如《牛天赐传》："自管打他，不打不成材料！""自要"是连词，是只要、如果的意思。如《二马》（图5-12）："自要人家一说中国好，他非请

图5-12　老舍话剧《二马》剧照（作者提供）

图5-13　老舍话剧《老张的哲学》剧照（作者提供）

人家吃饭不可；人家再一夸他的饭好，得，非请第二回不可。"《牛天赐传》里这样的句子也很多："再给他十块，怪苦的，自要别上外边说去！""细想起来，自要你注意自家的事，也就没那么大工夫再管世界了。""自有"是只有的意思。如《老张的哲学》："十块钱如何够花的？""俭省着自有剩钱的！"以上的"自"都读阳平。（图5-13）

"混了心"，意思是说人很糊涂，"混"要读阴平 hūn。如《四世同堂》："你敢跟我瞪眼哪，可以的！我混了心，瞎了眼，把你也救出来！死在狱里有多么干脆呢！"这是说自己糊涂。如《老张的哲学》："孙八，傻小子！你受了老张的骗！你昏了心！"这是说对方糊涂，晕头转向地相信别人。老舍先生用字不定，有时还用"浑着心"，如《赵子曰》："'他到底和她有什么关系？我怎么浑着心从前不问他！'拍，拍，打了自己两个嘴巴。"使用这个词的时候，都表示是为了某一件事情，某一个目的，直接去做，不考虑其他的因素，所以说糊涂。（图5-14）

老舍先生的《老张的哲学》

图5-14　老舍小说《赵子曰》插图，韩羽绘（作者提供）

有这样一个"铛铛儿"："赵四说：'巡警管我叫铛铛儿，我不明白是什么意思，所以用他来说一切不好的事。姑娘你聪明，大概明白我的意思。'"过去，人们管北京的有轨电车叫铛铛儿车，前三字读作diāngdiangr，因为电车司机脚底下都踩着个铃铛，当当作响，风驰电掣，一路而来（图5-15），"铛铛"儿化音变。在《老张的哲学》里，几次出现"铛铛儿"，却不是指有轨电车，是指傻、笨、不开窍、不懂行的人，又可以作"傻铛铛儿"，例如："不过有时候巡警叫他'怯八义''傻铛铛儿'……赵四未免发愁。""铛铛儿"还可以指无足轻重的东西物品。如《老张的哲学》："他，他不是要买你当（dàng，典当）那不是姑娘们应当当（dàng）的铛铛儿吗？"陈刚先生的《北京方言词典》中有"diang"这个音，"diāngdiangr写作噹噹儿"，"diāngdiangrchē"写作"噹噹儿车"。"噹噹儿"，就是老舍作品里的"铛铛儿"。陈刚先生释义有三：（1）说话多而没有分寸的人；

图5-15 现今前门大街的铛铛车（作者提供）

（2）同"怯噇噇儿"；（3）（旧）煤油小贩打的一种黄铜响器。

"走溜儿"在北京话中念作 zǒuliǔr，意思是散步、走来走去。如《牛天赐传》："一到天亮，他就再也睡不着，起来在院中走溜儿，他咳嗽。""走溜儿"是因为心里有事，一时没了主意，所以走来走去。如《离婚》："到了张家，大哥正在院中背着手走溜儿，他的背弯着些。"又如《四世同堂》："她开始在院中慢慢地走溜儿，一边儿走一边儿思索对付李空山的方法。"陈刚先生的《北京方言词典》里写作"走绺儿"或"走柳儿"。

"显摆"，"摆"变阴平 bāi，或轻声 bai。意思是炫耀于人，向别人夸耀自己。如《骆驼祥子》："他以为这么来的一个老婆，只可以藏在家中；这不是什么体面点的事，越少在大家跟前显摆越好。"有时还写作"显排"，如《二马》："这又是打哪里听来的，跟我显排？""显着"，意思是指表现出来，明摆着。如《牛天赐传》："天可是已显着短了；北方的秋天有个毛病，刚一来到就想着走，好像敷衍差事呢。"

"外场"的"场"要读 cháng，意思是在外面混事，场面上很注意人缘或做派。陈刚先生所著《北京方言词典》的解释是：一是善于交际；二是在交际场上很体面。如《方珍珠》："本名自二立，艺名白花蛇，说相声的。他很外场，也怪狡猾。"有时也说"外场人"，如《四世同堂》："你知道，我们外场人最讲脸面：昨天我姓刘的可丢了人！"再如《骆驼祥子》中："他要闹脾气，又不肯登时发作，他知道自己是外场人，不能在亲友面前出丑。"还可以说"外场劲儿"，常与动词"拿"，组成一个固定词组"拿着……劲儿"，如："她咽了口吐沫，把复杂的神气与情感似乎镇压下去，拿出点刘四爷得来的外场劲儿，半恼半笑，假装不在乎的样子，打了局哈哈：'你可倒好，肉包子

103

图5-16　老舍话剧《方珍珠》剧照（作者提供）

打狗——一去不回头啊！'" （图5-16）

　　有些单音节的词语，在北京话中有其特有的意义和读音。"来派"，指某种情绪、神情、态度含有气势、势头、气派的意思。如《离婚》："邱先生没往下说什么，可是那个笑在眼角上挂着，大有一时半会儿不能消灭的来派。" "来的"，是放在量词之后，如"一斤来的"，《四世同堂》里有："又过了几天，刘太太忽然回来了，拿来有一斤来的小米子，送给祁老人。" "一斤来的"，即一斤多一点儿的意思。"来着"，如《四世同堂》："他说什么来着？""他真打仗来着吗？"用于动词或者动宾结构的词语之后，表示曾经做过，或是已经完成的持续。（图5-17）

有些词语，在今天的北京话中依然活跃。如"简直的"，在北京话里也可以说"照直的"，是索性、干脆的意思。如《四世同堂》："等到事情过去，你对别的朋友用不着详述闹事理的首尾，而只简直的——必须微微地含笑——说一声：'他们那件事是我给了的！'""简直的……说"，就是不带拐弯抹角地，直截了当地，照直了说。

图5-17 老舍小说《离婚》封面图（作者提供）

"就手儿"，是个副词，顺手儿、捎带着的意思。如老舍早期的小说《二马》："马老先生想起上坟，也就手儿想起哥哥来了，夜里梦见哥哥好几回，彼此都掉了几个眼泪。""白吃白喝一晚上，就手儿看看英国上等社会的状况，今天的客人全是阔人，你去不去？"《小坡的生日》："随磕随往前凑，两个的脑门顶在一处，就手儿顶起牛来，小坡没有使劲，已经把妹妹顶出老远去。"《牛天赐传》："怎样办三天，如何做满月，也就手儿大概想到；怎样给他娶媳妇，自己死了他怎样穿孝顶丧……"在《骆驼祥子》、《离婚》、《四世同堂》以及《方珍珠》中也都用到这个词，句式也都是两个连续的动作，"就手儿"前的动作必须用动词短语，"就手儿"后的动作可用单个动词。"可着"，

图5-18 老舍小说《小坡的生日》封面图（作者提供）

是按照一定范围或数量的意思。如《骆驼祥子》："讲好的是可着院子的暖棚，三面挂檐，三面栏杆，三面玻璃窗户。"（图5-18）

"麻利"，意思是办事讲究效率，不拖泥带水。如《骆驼祥子》："我现在用着的人太懒，他老不管擦车，虽然跑得也怪麻利的。""麻利"后边可以加"脆"或"快"，如《四世同堂》："我虽是个老娘们，办事可喜欢麻利脆！婚事不许再提，礼物你拿走，我再送你二百块钱，从此咱们一刀两断，谁也别麻烦谁。""轻易"，也可作"轻容易"，即平常、随便、一般的意思。如《小坡的生日》："对于'个子'、力气差不多与小坡相等的，他也轻易不用脑袋；用拳头打胜岂不更光荣，也显着不占便宜啊。""讨换"，是要的意思。如《四世同堂》："他想讨换几个英国字，好能读留声机片上的洋字。"是说长顺想找丁约翰"要"几个英文字。"饶头"，前字读 ráo，另外多添一点的意思。"头"一般都要儿化，更显着细小零碎，不甚重要；但有时也不儿化，意思无区别。如《文博士》："他觉着连看看都不必，成了这段事便有了一切，太太不过是个饶头，像铺子里买东西赠茶碗一样，根本谁也不希望那是顶好的磁器。"（图5-19）

"平地"，比喻原来没有苗头，却突然发生出现的事端。如《骆驼祥子》："拉车可以平地弄个三毛四毛的，做小买卖既要本钱，而且没有准能赚出三餐的希望。"这是说拉一趟车随时就能挣钱，而不像做买卖要先有本钱才能运作，故曰"平地"。

"摩挲"，读 māsa，是指用手掌轻轻下按，一下一下地捋，目的是使衣物平整或身体舒展。如摩挲衣裳、摩挲肚子等。歌谣有"摩挲肚儿，开小铺儿，又卖油盐又卖酱醋儿。""摩挲把脸"即匆匆忙忙、潦潦草草地洗一下脸。《骆驼祥子》："'嗯——'她鼻中旋转着这个声儿，很长而曲折……能刚能柔才是本事，她得摩挲他一把：'我也知道你是要强啊，可是你也得知道我是真疼你。你要是不肯找老头子去呢，这么

文博士

Wen Bo Shi

老舍 著

图5-19　老舍小说《文博士》封面图（作者提供）

办，我去找，反正我是他的女儿，丢个脸也没什么的。'""歇松"，是无关紧要、差劲或放手不干的意思。如《二马》里："虽然一回官儿还没作过，可是做官的那点虔诚劲儿是永远不会歇松的。""事情已经有希望，何必再一歇松弄坏了呢！"也作"歇歇松松"，如"两只大眼睛，歇歇松松地安着一对小黄眼珠儿。眼睛上面挂着两条肉棱儿，大概在二三十年前棱儿也长过眉毛"，意思是不很认真、极随便。

"转磨"，这两个字都要读去声，是指遇到了困难，不知所措，心里着急。如《四世同堂》："瑞丰转开了磨。他既不能强迫大嫂非同他去不可，又明知自己不是胖菊子的对手，于是只好没话找话说的，和大嫂讨论办法。"《骆驼祥子》："这些人时常为一块钱急得红着眼转磨，就是人借给他们一块而当两块算，他们也得伸手接着。"也说"转磨绕圈儿"，比喻说话办事绕弯子，不是直来直去的。如《二马》："明知道英国人是直说直办，除了办外交，没有转磨绕圈做文章的。"

老舍作品中巧妙运用了大量俗语，这些俗语生动、幽默，使其语言富于北京地域文化色彩，也使得老舍的作品对于北京话俗语研究具有独特的价值。

"怯八义"，又可以写作"怯八邑"（"八"读阳平 bá），指不懂行、外县来的、不懂本地风物人情的人。"八义"应该是"八邑"，"邑"指京郊外县，是旧时京城里的人嘲讽外县人的一句话，旧说有"京涿州，怯良乡，不开眼的房山县"，但也只限于京郊畿辅，对外省的人不能说"怯八邑"。

"啬刻鬼"，指吝啬、小气的人。如《四世同堂》："他知道东阳是啬刻鬼，可是他也知道自己的三寸不烂之舌，即使东阳真是鬼，他相信，他也会把鬼说活了心的。""看这一家子，老少男女都是啬刻鬼，连看回电影都好像犯什么罪似的。"类似的词有"啬刻子"和"啬刻儿"，"刻"字要读阳平，作 ké。陈刚先生写作"啬壳子"，正可见此词音变之特点。"啬壳子"还指做事胆怯、畏缩不前的人。

"猛孤丁"，意思是猛然的、突然的。"孤丁"二字，都要轻声。老舍先生有两种写法：猛孤丁、猛孤仃。《四世同堂》："忽然的，槐树尖上一亮，像在梦中似的，他猛孤丁看见了许多房脊。光亮忽然又闪开，眼前依旧乌黑，比以前更黑。"《骆驼祥子》："独自拉着座儿还好办，赶上拉帮儿车的时候，他猛孤仃收住步，使大家莫名其妙。"

"事不祥"，为情势不妙，事变之征兆。如《四世同堂》："瑞丰看事不祥，轻轻地拉了胖太太一把，二人没敢告辞，一面搅动牌局，偷偷地走出去。"

"卖嚷嚷儿"又可作卖嚷儿、卖三音、卖山音，"嚷嚷"在此要读阴平 rāngrangr，儿化，是宣扬、招揽的意思。如《赵子曰》："我绝不是叫你上大街去卖嚷嚷儿，老赵，你听明白了！"《小坡的生日》：

"林老板……说话也不像父亲那样理直气壮地卖嚷嚷儿。""卖嚷嚷儿"还有一个目的：借此揭发别人的缺点。如《赵子曰》："所以他天天出来进去的卖嚷嚷儿，什么猴儿想吃天鹅肉咧，什么猴儿的屁股朝天——自己挂红咧，嗬，多啦！"

"愣头葱"，形容人做事不加考虑，行为鲁莽，也作"愣葱"。如《女店员》"四虎子这小子，别看他愣葱似的，有时候一高兴也能做出巧妙活儿来。"《牛天赐传》："他真是个愣葱，也不问问冷热生熟，端起来就吃。"（图5-20）

图5-20　老舍小说《女店员》封面图（作者提供）

"嚼争理儿"，意思是争辩是非道理。如《二马》："温都太太虽然不喜欢中国人，可是天生来的有点愿意和别人嚼争理儿；别人要说玫瑰是红的最香，她非说白的香得要命不可；至不济也是粉玫瑰顶香，其实她早知道粉玫瑰不如红的香。"

"挨着班儿"，指依次，一个接一个地。《龙须沟》："以后还要挨着班儿地修马路呢。"（图5-21）

"吃挂落"，意思是指受牵连。如《月牙儿》："我知道她是好意，我也知道设若我不肯笑，她也得吃挂落，少分酒钱；小账是大家平分的。"（图5-22）

"急扯白脸"，是指焦躁、不耐烦、脸红脖子粗的样子。如《四世

图5-21 《老舍与龙须沟》，何军委绘（作者提供）

图5-22 老舍小说《月牙儿》封面图（作者提供）

同堂》："金三爷急扯白脸地叫李四爷回家：'四爷，你一定得回家歇歇去！'"如《离婚》："她把气咽下去，丈夫是好意，可是，何必那么急扯白脸的呀！"因为第二个字轻读，老舍先生有时还写作"急叉白脸"或"急叱白脸"，如《骆驼祥子》："大家都受了一天的热，红着眼珠，没有好脾气；肚子又饿，更个个急叉白脸。"

"不论秧子"，"论"读作lìn，意思是不管不顾，什么也不在乎，谁也不怕。如《骆驼祥子》："你要是不愿意听我的，我没工夫跟你费唾沫玩！说翻了的话，我会堵着你的宅门骂三天三夜！你上哪儿我也找得着！我还是不论秧子！""不论"即不在乎（"满不论"即"满不在乎"）。"秧子"是指旧社会的纨绔子弟，游手好闲不务正业，旁人又不敢招惹。现在常说的"架秧子"一词，最早就是指对纨绔少爷们谄媚哄骗，从他们

图5-23　北京曲剧《骆驼祥子》剧照（作者提供）

手中获取钱财的行为。早年间还流传一个歇后语："小白薯儿——不论
（lìn）秧子"。（图5-23）

　　"平地抠饼"，金受申先生解释为"没有本钱或本钱不大而办成了
事"。徐世荣先生的《北京土语词典》解释为"比喻在一无所有的情
况下，硬要其发出物质财富"，即白手起家的意思。多为演艺界、江

湖人用语。如《方珍珠》："甭细说了，反正咱们作艺的都是平地抠饼……"老舍先生有时还用"平地掘饽"，如《二马》："她不爱你，何必平地掘饽呢！"在这儿指的是感情。"平地摔跟头"是无中生有，自己找事。如《离婚》："走极端是使生命失去平衡，而要平地摔跟头的。"《牛天赐传》："他在这时节既不能作诗，又不能做事，只会给人家添乱，一着急，会平地绊个跟头。"这是双关，一是指摔跟头，二是指自己起祸、找麻烦。

"大瓢把子"，是依据江湖上的切口（黑话），谓武艺高强者、强人的本领。如《四世同堂》："他以为不久他就会成为跺跺脚便山摇地动的大瓢把子的。"

"敲着撩着"即用冷言冷语讽刺挖苦别人，但不直面说出，有时还不用语言，而是故意做出一种姿态，让人感觉到这种不满或讽刺。"敲着撩着"也作"敲儿撩儿"，"撩"读 liāo。如《赵子曰》（图5-24）："我告诉你，你个小——不用和老大哥敲着撩着耍嘴皮子！说真的！"如《离婚》："可是心中苦闷，总想抓个碴儿向谁耍耍刺儿才痛快。他敲着撩着说开了闲话，把公事完全推给了老李。"如《女店员》："可是，到今天，大家都是那么敲着撩着地暗示我是个落后分子！我不服气！"如《二马》："连那群爱听中国事的胖老太太们，全不短敲着撩着的损老马几句。老马有时候高兴，也颇听得出来她们的口气。"

"就棍打腿"，比喻顺势或趁势行事。如《离婚》："'二妹妹，咱们上厨房说话儿去，就手儿弄点吃的。'二妹妹的心放宽了，胃也觉出空虚来，就棍打腿地下了台阶：'那

图5-24　老舍小说《赵子曰》封面图（作者提供）

么，我和大嫂子说会子去。'"如《我这一辈子》："他们的目的是抢劫……焉知不就棍打腿地杀些人玩玩呢？""小花猪口中已无那个药包，而且也吃点东西了。大家都很高兴，我就又就棍打腿地骗了顿饭吃。"

"不错眼珠"，是说眼睛一动也不动，直盯盯地看着，指全神贯注的样子。如《四世同堂》(图5-25)："想到这儿，他不错眼珠地看着钱先生，看了足有两三分钟。"

图5-25　老舍小说《四世同堂》封面图（灵极限提供）

"痒痒出出"，指痒痒。如《小坡的生日》："小姑娘们也看出便宜来，全过来用小手指头，像一群小毛毛虫似的，痒痒出出，痒痒出出，在他们的胸窝肋骨上乱串。""痒痒得慌"，也是痒痒，如《二马》："马老先生在十天以前便把节礼买好送去，因为买了存着，心里痒痒得慌。"这是指心理活动。

"嚼言咂字"，意思是指说话一字一句，字音清楚，并仔细品味字句含义。如《四世同堂》："这话对！对得很！咱们大家是好邻居，日本人也是大家的好朋友！晓荷嚼言咂字地说。"又可作"咬言咂字"。

"信马由缰"，本是文言，意思是舍弃缰绳，任马自由。到了北京话里，却又成了俗语，意思是漫不经心、漫无目的、随随便便。如《老张的哲学》："第二天，他一清早就出去了。没有目的，他信马由缰地慢慢走。""他信马由缰地走到中央公园，糊里糊涂地买了一张门券进去。""信马由缰"四字念快了，"马"字可以读轻声。

113

"响晴白日"，意思是天气特别晴朗。"白"随俗音念作 bó。如《骆驼祥子》："南边的半个天响晴白日，北边的半个天乌云如墨，仿佛又什么大难来临，一切都惊慌失措。""响晴白日"也作"响晴薄日"，"薄日"是迫近太阳、离太阳近的意思。

"勺勺颠颠"，指语言上啰唆，讲话絮絮叨叨，没结没完。如《牛天赐传》："少上他妈屋里去，老了老了的，还这么勺勺颠颠的！"有时也作"勺勺叨叨"。

"蜜里调油"，形容关系非常好，亲密得不能分开。如《四世同堂》："他俩现在可好了，好得蜜里调油呢。"

"不得哥们"，意思是没人缘，在同伙中不受大家欢迎。如《骆驼祥子》："对于发邪财的人，不管这家伙是怎样不得哥们，大家照例是要敬重的。"

"不差嘛的"，意思是差不多。如《春华秋实》："可是你熬了一天一宿了，不差嘛的该歇一会儿了。"（图5-26）

图5-26　老舍小说《春华秋实》封面图（作者提供）

"不即不离"，指待人不亲近，也不疏远。如《四世同堂》："人家对谁都留着话口儿，对谁都不即不离儿的。"

"嘎七马八"，意思是指乱七八糟。如《骆驼祥子》："有时候他以为更应当努力去拉车，好好把两个男孩拉扯大了，将来也好有点指望，在这么想到儿子的时候，他就嘎七马八地买回一大堆食物给他们吃。"

"一市八街"，指满地、各处。如《牛天赐传》："他头上出着汗，小褂解开钮，手和腕上一市八街全是黑桑葚的紫汁。"

"揣着明白的，说糊涂的"，"揣着明白"即心里明白，"说糊涂"即假装糊涂。如《骆驼祥子》："'不用揣着明白的，说糊涂的！'老头子立了起来，'要他没我，要我没他！干脆地告诉你得了，我是你爸爸！我应当管！'"

"五脊子六兽"这个词，现在老北京人的口中还在说着，意思就是指难受的样子。"五"字是读阳平 wú。如《四世同堂》："对于上司，他过分地巴结，而巴结得不是地方。这，使别人看不起他，也使被恭维的五脊子六兽地难过。"如《龙须沟》："可是，我舍不得我的活儿，一天不干活，就五脊子六兽的！"如《牛天赐传》："王宝斋没的可说，五脊了六兽地受了礼，头上出了汗。"还可以略去"子"字，作"五脊六兽"，如《四世同堂》："这些矛盾在他心中乱碰，使他一天到晚的五脊六兽地不大好过。"这个词的历史很悠久，蒲松龄作的《醒世姻缘传》中有："这五积六受的什么模样，可是叫亲家笑话！"徐世荣先生说："古老建筑，屋脊上有兽头、鸱吻等琉璃瓦制的装饰品，样子多奇怪，五脊子六兽即屋脊上的多样兽头，借用比喻人的各种形态。"（图5-27）

爱说闲话、传言私语、挑拨是非，俗语叫"拉老婆舌头"或"拉老婆掖舌"。"拉"字亦可读作 lá。如《方珍珠》："不是我爱拉老婆的舌头，自从二小姐上学没上成，我常看见她一个人在街上乱串。"《离婚》："老李想嘱咐她几句，不用这么拉老婆舌头，而且有意要禁止她回拜方墩太太去，可是没说出来。"考其语源，当从《诗经·大雅·瞻卬》中"妇有长舌，维厉之阶"而来。俗语还作"拉舌头扯簸箕"，如《四世同堂》："大嫂的嘴虽然很严密，向来不爱拉舌头扯簸箕，可是假若她晓得他去交结歪毛淘气儿，她也会告诉大哥，而大哥又会教训他们。"

图5-27　五脊六兽，即旧时宫殿屋脊上的兽头（作者提供）

"拉着何仙姑叫舅妈"，比喻硬拉关系表示亲近，或缺少了某一事物不行。如《赵子曰》："'老赵！'武端挺起腰板很慷慨地说：'那条路绝了，不要紧，咱们不是还有别的路往那吗！不必非拉着何仙姑叫舅妈啊！'"

"三钱儿油，俩钱儿醋"，比喻琐碎小事，"三"也写"仨"。如《龙须沟》："修沟不是三钱儿油，俩钱儿醋的事，那得画图，预备材料，请工程师，一大堆事哪！"

"错翻了眼皮"，意思是指责人估计错了。如《女店员》："你小子错翻了眼皮，如今的妇女跟男人不折不扣一样尊贵。"

"打开鼻子说亮话"，意思是有话坦率地说出，不藏在心里。也说"打开窗子说亮话"。如《方珍珠》："你们二位，到底是什么意思？打开鼻子说亮话好不好？"

"大姑娘临上轿穿耳朵眼儿"，比喻事先没有准备，临时才想办法。如《老张的哲学》：
"闹散了会并不要紧，要
紧的是假若政府马上实行
自治。我们无会可恃，岂
不是大姑娘临上轿穿耳朵
眼儿！"

"客木匠——一句
（锯）"，意思是说人木
讷，只有一句话。"客"
读 qiě，是客人的意思。

图5-28　老北京木匠（作者提供）

如《骆驼祥子》："连个
好儿也不问！你真成，永远是客木匠——一句。"（图5-28）

"一张纸画个鼻子，好大的脸"，意思是斥责脸皮厚、不害臊。如
《龙须沟》中，二春说自己想嫁给劳动英雄，王大妈便讽刺她"一张纸
画个鼻子，好大的脸"。

"蛤蟆垫桌腿，死挨"，意思是毫无办法可施，只能一直忍受到死。
例如《柳屯的》："松儿大爷摇了摇头，夏大嫂是蛤蟆垫桌腿，死挨！"

"捯气儿"，指临死前急促喘气。"捯"读 dáo。如《那五》：
"杨波也倒气似的忙说：'小孩没有奶吃是最可怜的了，寿星牌生乳灵
专治缺奶……'"这里"倒"字也应写作"捯"。徐世荣先生《北京土
语词典》收"捯腾"，注音 dáoteng，指翻腾和移动。

"道行"，"行"读 hang，轻声。原指僧道的修行，后用来比喻
技能本领。邓友梅《索七的后人》："刘伯荣这幅药真灵，一下子打下
秀媛二十年道行，使她立刻就改变了态度。"这是由技能、本领之义，
引申为威势之义。徐世荣先生解释"道行"为"现代人借用此词，比喻

人的威势、权势等，是讽刺语"。"道行"的"行"因轻读，又可以读heng。徐先生说："'行'读轻音 hang，更近似 heng。"

"精气神儿"指的是一个人表现出来的活力、气势等。如邓友梅《索七的后人》："我再揭不开锅，不也没人舍个大钱给我吗？胳膊折了袖子里吞，就要这个精气神儿！"邓友梅《烟壶》："多少人精神和体力的劳动花在这玩意儿上，多少人的生命转移到物质上，使一堆死材料有了灵魂，有了精气神儿。"苏叔阳《左邻右舍》："您放心，只要酒一下肚，精气神儿往上一提，什么忧愁烦恼都烟消云散，酒哇，好东西！"

"敲缸沿"，比喻从旁边煽动，说风凉话。如邓友梅《烟壶》："一见这机会，可就拾起北京人敲缸沿的本事，一递一句，不高不低地在一旁念秧儿。""念秧儿"，也是指说风凉话，是"敲缸沿"的具体表现。

"胡吹乱嗙"，指以大话来欺哄人。如邓友梅《那五》："如今是新中国了，您也得改改章程是不是？可不许再胡吹乱嗙了！"齐如山先生释"嗙"："大言欺人也。与'吹'字略同。北京有'老马开嗙'小曲。嗙，读旁，上声。按《广韵》：嗙，喝声；《集韵》：叱也。与俗义亦有相似之点。"

"折饼"，"折"读 zhē，表示不能安睡，在床上翻来覆去。如邓友梅《索七的后人》："忽然宝玉哭哭啼啼来学舌：'姥姥，我妈病了，在床上折饼呢，光哭不说话。'"类似的还有"折箩"，指饭后将所剩菜肴倒在一起，称为"折箩"或"折箩菜"。"折个儿"，表示翻转、打翻之义。齐如山《北京土语》收"折夺"，谓"凡妇人虐待小儿或儿妇者曰折夺，惟书作折倒"。

"舌头板子压死人"，指人用口舌言语来惹怒他人。如邓友梅《烟壶》："住在一起，长了怕有闲话。舌头板子压死人，白找气生。"如

《索七的后人》：“我这儿寡妇门前是非多，舌头板子压死人。”

　　“踩践”，表示轻视，欺侮，“践”读轻声。如邓友梅《四海居轶话》：“狗眼看人低，叫他们知道我在饭铺里学过徒，他们踩践我。”如《抹灰大王》：“我栽在你手里了，你踩践我吧！”

　　“寻摸”，指寻找，搜寻，一般用于不重要的事物或人。“寻”字读作xué，“摸”字轻声。如邓友梅《四海居轶话》：“还欠的东西，何掌柜到广安胡同破烂市寻摸齐全。”《天桥传奇》：“他边说边四下里寻摸着。”齐如山先生说：“男子订婚皆曰‘寻’，读如心，阳平声，如‘寻上婆家了没有’‘你怎么老不寻媳妇呢’。按以上说法皆可用‘寻’字，但有时说‘你寻喽他罢’，则用此字便不甚恰当，不知另有一字否？”《西厢记》（图5-29）写作“趐”：“下下高高，道路曲折；四野风来，左右乱趐。”《天桥传奇》写作“趐摸”：“徐梆子一进屋，两眼便四下里趐摸，他一眼便看见了浪三凤鬼鬼祟祟藏钱的动作。”金受申先生写作“寻觅”，读作 xuémo。

　　“转悠”，指无目的的闲逛。如邓友梅《烟壶》：“乌世保放出去的第二天早上，也就是他正跟着店主在鬼市转悠的时候，九爷府两个差人……接聂小轩进府。”

　　“可丁可卯”，表示范围、数量恰巧正好，没有富余。如邓友梅《双猫图》：“虽说是孤身一人，没任何索累，每月五十二元工资，总是可丁可卯。”

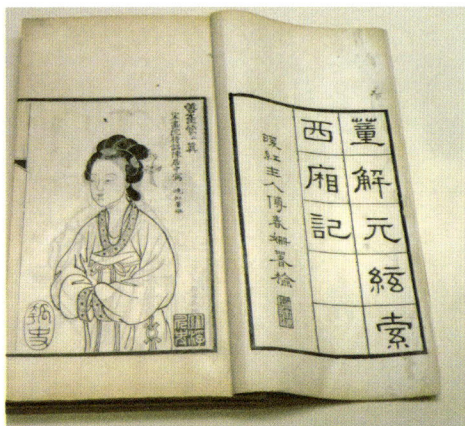

图5-29　清刻本《西厢记诸宫调》（汇图网提供）

味儿正腔圆

老北京俗语民谣

6

老北京的民谣

民谣指民间流传的口头文学，其词语具有本地方言特色，语句短小精练，语音合辙押韵。

老北京民谣从形式上可分为歌谣、儿歌、喜歌儿、妈妈论儿等，种类丰富，数量可观。

老北京的歌谣

老北京歌谣内容涉及民俗人文、儿童启蒙教化、婚姻爱情、市井生活、节岁时令、地理建筑等诸多方面。

有关时令节日的，如歌谣《灶王爷，本姓张》："灶王爷，本姓张，骑着马，挎着枪，上西天，见玉皇，年年好，月月强，哪年都打万石粮，万石粮插荣华，富贵荣华咱们家，上天言好事，下地降吉祥。"旧俗农历腊月二十三祭灶王，放炮仗，是谓"小年"。富察敦崇《燕京岁时记》："民间祭灶惟用南糖、关东糖……祭毕之后将神像揭下，与千张、元宝等一并焚之……是日鞭炮极多，俗谓小年下。"王廷绍《霓裳续谱》中记有歌谣《正月正》："正月正，（呀呀哟），娘家接我去看灯。问了婆婆问公公，婆婆说去了你早早地回，媳妇说是我还要走走

图6-1　清代老北京风俗画《供兔儿爷》
（作者提供）

百病，妈妈（呀），你也走罢，走走桥儿不腰疼。"歌谣《紫不紫》描写了老北京人过八月节的场景："紫不紫大海茄，八月里供的是兔儿爷，自来白自来红，月光码儿供当中，毛豆枝儿乱哄哄，鸡冠子花儿红里个红，圆月儿的西瓜皮儿青，月亮爷吃得哈哈笑，今夜的光儿分外明。"（图6-1）

另有一首歌谣，将一年的节令从头到尾数了一遍："正月正，大街小巷挂红灯。二月二，家家摆席接女儿。三月三，蟠桃宫里去游玩。四月四，结伴去逛隆福寺。五月五，白糖粽子送姑母。六月六，阴天下雨煮白肉。七月七，坐在院中看织女。八月八，阜成门内走白塔。九月九，观菊喝杯重阳酒。十月十，天寒穷人没饭吃。冬月冬，北海公园去溜冰。腊月腊，买面割肉过年啦。"

有关地理建筑的，如歌谣："平则门，拉大弓，过去就是朝天宫；朝天宫，写大字，过去就是白塔寺；白塔寺，挂红袍，过去就是马市桥；马市桥，跳三跳，过去就是帝王庙；帝王庙，摇葫芦，过去就是四牌楼；四牌楼东，四牌楼西，四牌楼底下卖估衣；打个火，抽袋烟，过去就是毛家湾；毛家湾儿扎根刺，过去就是护国寺；护国寺，卖大斗，过去就是新街口；新街口儿卖大糖，过去就是蒋养房；蒋养房，安烟袋，过去就是王奶奶；王奶奶啃西瓜皮，过去就是火药

局；火药局，卖钢针，过去就是老城根；老城根儿两头多，过去就是穷人窝。"（图6-2）

还如"东直门，挂着匾，间壁就是俄罗斯馆；俄罗斯馆照电影，间壁就是四眼井；四眼井，不打钟，间壁就是雍和宫；雍和宫，有大殿，间壁就是国子监；国子监，一关门，间壁就是安定门；安定门，一甩手，间壁就是交道口；交道口，跳三跳，间壁就是土地庙；土地庙，求灵签，间壁就是大兴县；大兴县，不问事，间壁就是隆福寺；隆福寺，卖葫芦，间壁就是四牌楼；四牌楼南，四牌楼北，四牌楼底下喝凉水；喝凉水，怕人瞧，间壁就是康熙桥；康熙桥，不白来，间壁就是钓鱼台；钓鱼台，没有人，间壁就是齐化门；齐化门，修铁路，南行北走不绕道。"（图6-3）

图6-2　蒋养房西口，摄于1961年（作者提供）

图6-3　清末老北京隆福寺庙会（作者提供）

这两首歌谣产生于清末至中华民国初期，有些地名沿袭了旧时的叫法。这些地名涵盖众多的历史知识和典故。如

图6-4 棍贝子府花园（作者提供）

"蒋养房，安烟袋，过去就是王奶奶"，蒋养房位于新街口东街，旧称浆绛房和蒋养房大街，明代在胡同里设置浣衣局，安置年老宫女或有罪、退废者发配到此处洗衣服。"王奶奶"就是现在的积水潭医院，原来叫棍贝子府。先为诚亲王新府，即贝子弘曔府。嘉庆年间，引玉河水入府，赐给庄静公主作为府邸，又称四公主府，附近居民敬称王府为王奶奶府，俗称"王奶奶"。"安烟袋"，说的是积水潭医院东、南侧原来有条胡同叫豆腐巷，1965年并入新街口东街，这条胡同以前和水车胡同相通，后积水潭医院扩建，胡同东侧变成医院的一部分。豆腐巷东、西狭长，南部较宽，形状像烟袋。当地居民也把南部宽绰处叫"烟锅儿"。（图6-4）

老北京的儿歌

北京民谣中数量最多的是儿歌。在明清两代就有对老北京歌谣搜集、整理的集子出现，如清光绪二十年（1894年）有《都门打油诗》《九城修马路》。1920年北京大学成立了歌谣研究会，出版了《歌谣周刊》，共出97期，发表了两千多首歌谣。（图6-5）

之后出版的有1923年《北平儿童歌谣集》（油印本），1928年雪如编辑的《北平歌谣集》和1930年的《北平歌谣续集》，1932年

图6-5 《歌谣周刊》版面（作者提供）

图6-6 《孺子歌图》内页（作者提供）

张则之编译的《北平歌谣》，林庚的《北平情歌》，1936年李家瑞的《乾隆以来北平儿歌嬗变举例》。外国人记录北京儿歌的图书，有如下两种：一种是1896年由意大利人韦大列（Guido Vitale）编撰的《北京歌谣》；一种是美国人何德兰（Isaac Headland）编撰的《孺子歌图》。这两种文本都是中英文对照。（图6-6）

老北京儿歌韵律很强，儿化音多，朗朗上口，与北京音系的"十三辙"一脉相承。张洵如的《北平音系小辙编·序》中说："民众文艺的'小辙儿'原有两道，叫'小言前儿'和'小人辰儿'，按小辙儿之仅有两道者，大概是因为'小言前儿'可包括【言前】【发花】【怀来】三辙，'小人辰儿'可包括【人辰】【梭坡】【乜斜】【灰堆】【一七】五辙，有此二辙，在通俗韵文里尽够应用。"包括一韵到底和中间换韵两种。

儿歌内容包罗万象，日常生活中的各种事物都可写入儿歌。

《吃个大胖》："锅儿锅儿你快熟，这儿有个紧嘴猴儿。狗儿狗儿凉凉，吃个大胖儿。""紧嘴猴儿"，是形容人吃东西嘴急、嘴快。

《小辫儿刘》："小辫儿刘，蒸窝头，半拉生，半拉熟，熬白菜，不搁油。吐口唾沫当香油，爸爸给他两砖头。""半拉"，第二字读作lǎ，半个。

《大拇哥》："大拇哥，二拇弟。钟鼓楼，护国寺。小妞儿，托茶盘儿，胳膊腕儿，挑水担儿。吃完饭儿，香油罐儿。两盏灯，小蒲扇儿。挂衣钩儿，天灵盖儿。摸摸老头的小白辫儿。"这是对幼儿关于身体四肢各部位的一种启蒙教育。

《青皮萝卜紫皮蒜》："卖蒜的，什么蒜？青皮萝卜紫皮蒜。什么高？马蹄高。高几丈？高三丈。三丈几？三丈三，打开窗户钻一钻。鸡鸡翎，跑马绳。马绳开，柴火垛。要哪个，单要你这老笨货。三丈几？三丈三。请你老头钻一钻。"

《小板凳》："小板凳，三条腿儿，我给奶奶嗑瓜子，奶奶嫌我脏，我给奶奶煮片汤。奶奶吃不点儿，我吃三大碗儿。"

《秃子秃》："秃子秃，盖房屋，房屋漏，锅里头煮着秃子肉。秃子哭，秃子看。秃子打架秃子劝。"旧时男孩子多剃光头，北京人俗称"大秃瓢"。

《唤儿》："唤儿、唤儿，唤儿呼咪，鞭打绣球、金镶玉。别让我们姑娘得了闷气。我们姑娘，病儿陈，请了个大夫不离门，开了方子号了脉（读 mò ），药引子实难寻（读 xín ）：蚊子的胆，虼蚤的心，苍蝇的翅膀约（读 yāo ）半斤，四两的鸡子儿要八个，万岁爷的胡子要七根。"

《黄狗看家》："黄狗黄狗你看家，我到南边采梅花，一朵梅花没采来，两个朋友到我家。我家的媳妇会擀面，擀到锅里团团转。公一碗，婆一碗，案板底下藏一碗。猫进来，舔舔碗。狗进来，砸了碗。公公拿着哈大鞭，婆婆拿着半头砖，打的媳妇哪儿睡去呀？打的媳妇炉坑里睡去呀。铺什么皮？铺羊皮。盖什么皮，盖狗皮。枕什么？枕棒槌，叽里咕噜滚炕槌。"

《槐树槐》："槐树槐，槐树槐，槐树底下搭戏台。人家的闺女儿全来了（读 liāo ），我家的闺女还没来。说着说着就来了（读 liāo ）：骑着个驴，打着个伞儿，光着屁股，挽着个纂（读 zuǎn ）儿。"

《金箍勒棒》："金箍勒棒，烧热炕，爷爷打鼓奶奶唱。一唱唱到大天亮。养了个小孩没处放。一放放在了锅台上，嗞儿咂儿地喝面汤。"

《小孩拿棍儿对打》："一呀，二呀，倒打连三小花棍啊。棍儿棍儿舞，铜钱数。数什么数，牛皮鼓。牛什么牛？割狼头。割什么割？燕子窝。燕什么燕？扯条线。扯什么扯？孙孙扯，孙什么孙？吕洞宾。吕什么吕？挑花笔。挑什么挑？裂花瓢。裂什么裂？孙猴赶着个猪八戒。拿耙子来，搂豆叶。这头烧，那头热，煲得孙猴叫爷爷。"

《蝈蝈叫》："蝈蝈叫，驴驹子听，旁边爬着个大马蜂。""驴驹子"是不会鸣叫的母蝈蝈。

《小黄狗》："小黄狗，汪汪汪，咬谁呢，咬王魁，王魁干什么哪？给我们小孩说个媒。"有一出戏名为《义责王魁》，戏中的王魁是负心郎。

《小小子，坐门槛儿》："小小子，坐门槛儿，摔了个跤，捡了个钱，又打醋，又买盐，又娶媳妇又过年。"

《翻饼，烙饼》："翻饼，烙饼，油炸，馅儿饼，反过来，瞧瞧。"

《鸡儿鹆，鸡儿斗》："鸡儿鹆，鸡儿斗，大鸡不吃小鸡肉。"

《胡噜胡噜毛》："胡噜胡噜毛，吓不着。胡噜胡噜耳，吓一会儿。""胡噜"，是抚摸的意思。

《咕咚咚》："咕咚咚，太平车，里边坐着俏哥哥，城墙外头看大戏，回头带着你也去。关老爷庙好热闹，人山人海瞎吵吵。"

《别怕，别怕》："别怕，别怕，跟着妈妈穿裤穿褂，别号，别号，跟着妈妈穿裤穿袄。"

《杨树叶儿哗啦啦》："杨树叶儿哗啦啦，小孩睡觉找他妈。搂搂抱抱快睡吧，老犸猴子来了我打它。""老犸猴子"是为了吓唬孩子编造的一种动物。

《天长了，夜短了》："天长了，夜短了，耗子大爷起晚了。"

《黑老婆儿，白老婆儿》："黑老婆儿，白老婆儿，洗脸不洗脖。""黑老婆儿"是一种黑色的蜻蜓。

《背背，驮驮》："背背，驮驮。老腌儿，酱萝卜。酱瓜，苤蓝（le），老牛老牛，卧卧。青豆，黄豆，嘎巴儿一溜；金沙，黄沙，大把一抓。"（图6-7）

图6-7　苤蓝（作者提供）

《牛，牛，牛》："牛，牛，牛，你打梆子我卖油。"牛有两种。一为天牛，体长约寸，黑色长须有一对咬人十分厉害的大牙。身背长着白色斑点，生长在树上。一为蜗牛，北京人称之为水牛儿。

《抽汉奸》："抽汉奸，打汉奸，杂合面，涨一千。""汉奸"即指陀螺。"杂合面"指日伪时期人们常吃的混合面，不易消化。（图6-8）

图6-8　《儿时游戏·抽汉奸》，老春绘（作者提供）

《剃头打三光》："剃头打三光，不长虱子不长疮。剃头打三下，不长虱子长小辫。"

图6-9　火镰（作者提供）

　　《大头，大头》："大头，大头，下雨不发愁。人家打雨伞，我打大奔儿头。""大奔儿头"指前额。

　　《下雨了，冒泡了》："下雨了，冒泡了，王八戴着草帽了。"

　　《打火镰》："玩，玩，玩，打火镰。火镰花，卖甜瓜。甜瓜苦，卖豆腐。豆腐厚，卖羊肉。羊肉香，羊肉好，额娘煮了一锅饺，让我宝宝吃个饱。""额娘"是满族人对母亲的称呼。（图6-9）

　　《水牛儿》："水牛儿，水牛儿，先出犄角后出头。你爹你妈，给你买了烧羊骨头烧羊肉，你不吃，喂狗吃。"

　　《拍燕窝》："拍，拍，拍燕窝，窝里住着老大哥。大哥出去卖菜，里头住着个奶奶。奶奶出去烧香，里头住着个姑娘。姑娘出去点灯，小心鼻子眼睛。"

《一个毽》："一个毽，莲花瓣，两个毽，分四瓣。打花鼓，卖花线。里踢，外拐，八仙过海，九十九，一百。""里踢""外拐""八仙过海"为踢毽子时的各种不同的表演动作。

《二姑娘二》："二姑娘二，二姑娘二，二姑娘出门子给我一个信儿。搭大棚，贴喜字儿，擦红粉，戴耳坠儿，送亲太太两把儿头，娶亲太太耷拉翅儿。四轮马车双马队儿，箱子匣子是我的事儿。"

《月亮爷》："月亮爷，亮堂堂，骑着大马去烧香。大马拴在梧桐树，小马拴在树杈上。鞭子挂在庙门上。开开门，瞧娘娘：娘娘擦着粉儿，爷爷撅着嘴；娘娘戴着花儿，爷爷光脚丫儿。"

《八角鼓》："八角鼓，响叮当，八杆大旗插四方，大旗下，兵成行，去出征，去打仗。骑大马，背上枪，挥鞭打马奔前方。""八角鼓"是满族人发明创造的一种乐器，代表八旗。单弦、岔曲表演多用此物。（图6-10）

《停了雨，住了风》："停了雨，住了风，阿玛带哥去出征。骑红马，戴红缨，扬鞭打马一阵风。三尺箭，五尺弓，拉弓射箭，射个正中。""阿玛"是满族人对父亲的称呼。

《洗洗头》："洗洗头，做王侯，洗洗腰，一辈更比一辈高。洗洗脸蛋做知县，洗洗沟，做知

图6-10 北京王府井大街雕像，八角鼓及三弦表演（作者提供）

131

图6-11　晚清老北京娶亲场景（作者提供）

州。"这是接生姥姥唱的一首吉祥歌。"沟"指屁股沟。

《大清国》："大清国，新事多，年轻小伙怕老婆。老婆、老婆你别骂，孩子哭，我哄着，饭不熟，我等着，小尿盆，我顶着。"

《阿哥新姐把炕扫》："阿哥新姐把炕扫，全合人，请来了，又撒栗子又撒枣，一个妞子一个小。""全合人"是既有父母，兄弟姐妹，又有子女，夫妇和美的人。一般要选择懂得事理，能说会道，有才能的妇女来担任此职。这首歌谣是新婚之夜时唱的。"新姐"是满族人对嫂子的称呼。（图6-11）

《大姑娘，真着瞧》："大姑娘，真着瞧，粉红的脸蛋花旗袍。眸黑的大眼不言语，站在门道等女婿。"

《咕咚咚》："咕咚咚，太平车，里面坐着俏哥哥。镶黄家里看台戏，回家路过红山坨。关老爷庙前好热闹。人山人海闹吵吵。营子里的姑娘长得俏，脸擦脂粉像瓜瓢。"

《脚大好，脚小好》："脚大好，脚小好，咱们姐妹比比脚，小脚蹬，上山峰，摔了一个倒栽葱。大脚能在雪里站，大脚能在冰上跑。回家跟你爹娘说，小脚哪有天足好。"满族妇女不缠足，称天足。汉俗中原地区的妇女多缠小脚，称"三寸金莲"。

《天足》："天足大脚肥又宽，一天能跑三百三。"

　　《新年贺喜》："新年贺喜，阿哥多礼，赏脸拜年，真心谢你。一手白面，不能拉你。钱粮没领，没物还你。煮饽饽太少，没法儿送你。阿玛不在家，怎么留你？等到阿玛回了家，再下红帖子去请你。""钱粮"指旗人的俸禄，定时发放。"煮饽饽"就是煮饺子。

　　《姐妹二人到城东》："姐妹二人到城东，一道城东去踏青，捎带放风筝。大姐放的是花蝴蝶儿，二姐放的是活蜈蚣。飘飘起在空，好似一条龙。"（图6-12）

图6-12　清朝老北京放风筝图（作者提供）

　　《东西街，南北走》："东西街，南北走，听见门外人咬狗，拿起狗来砍砖头，又怕砖头咬了手。骑着轿子抬着马，吹着鼓，打着喇叭。"

　　《腊七腊八》："腊七腊八，冻死寒鸦。寒鸦浮水，冻死二鬼。二鬼偷油，冻死老牛。老牛认道，冻死老道。老道念经，冻死老鹰。老鹰拿小兔，冻死老兔子。"

　　《一进新年》："一进新年，小孩拜年，跪下磕头，起来要钱。要钱没有，转脸儿就走。"

　　《出了门》："出了门儿，阴了天儿。抱着肩儿，进茶馆儿。靠炉台儿，找个朋友寻俩钱儿。""寻"读作 xín，是指找人要些小东西，零七八碎儿，数量也不多，带有客气的语气。

《亲是亲，财是财》："亲是亲，财是财，吃了我的桑葚拿钱来。"

《蓝靛厂》："蓝靛厂，四角方，宫门对着六郎庄。罗锅桥，真叫高，团城跑马真热闹，金山，银山，万寿山，皇上求雨黑龙潭。"

《摩挲，摩挲》："摩挲，摩挲，百病消化。食开，水开，三把两把推开。""摩挲"，读 māsa。

《小闺女儿》："小闺女儿，十几嘞，婆婆家，要娶了。一对龙，一对凤，金瓜、钺斧、朝天凳。小红鞋儿，蹦得儿蹦。"

《你拍一，我拍一》："你拍一，我拍一，黄雀（第二字读 qiǎo）落在水塘西。你拍二，我拍二，两个小孩儿上小市儿。你拍三，我拍三，三件花衣给你穿。你拍四，我拍四，四个小孩儿写大字。你拍五，我拍五，五个小孩儿打锣鼓。你拍六，我拍六，六个包子六碗肉。你拍七，我拍七，七个小孩儿逮母鸡。你拍八，我拍八，八个小孩儿是一家。你拍九，我拍九，九个小孩儿手拉手。你拍十，我拍十，十个苹果大家吃。"

《小喜鹊儿》："小喜鹊儿，尾巴长，娶了媳妇不要娘，小喜鹊儿，叫喳喳，娶了媳妇不要妈。"

《嘟嘟哇》："嘟嘟哇，嘟嘟哇，耗子娶亲来到啦。八个耗子抬花轿，两个耗子放鞭炮，四只耗子吹鼓手，嘟嘟哇哇真热闹。耗子姐姐去送亲，耗子大妈迎花轿，老猫闻听来贺喜，一口一个都吃掉！"

《喜鹊喳喳》："喜鹊喳喳进了宅，早报喜，晚报财。晌午饭，有人来。"

《掰白菜》："掰呀，掰呀，掰白菜呀，大车拉呀，小车卖呀，卖了钱给奶奶；奶奶做了一双花儿鞋，耗子咬半截；东屋追，西屋追，追得耗子拉拉尿；东屋赶，西屋赶，赶得耗子白瞪眼；东屋截，西屋截，截得耗子叫亲爷。"

《胡萝卜尖儿》："胡萝卜尖儿，跳花山儿，花山后，驴推磨，狼抱柴，狗烧火，兔子上炕捏饽饽，你一个，我一个，花猫哪？上树了。树哪？锹刨了。锹哪？换枣吃了。枣核儿哪？水冲跑了。水哪？和泥了。泥哪？砌墙了。墙哪？猪拱了。猪哪？剥皮了。皮哪？粘鼓了。鼓哪？小孩打破了！"

《大姐上山出溜溜》："大姐上山出溜溜，二姐下山滚绣球，三姐磕头梆子响，四姐洗脸不梳头。"

《有翅没有毛》："有翅没有毛，爬得高又高，不吃粮和菜，树上叫声高。"

《哥儿俩一边儿高》："哥儿俩一边儿高，出门就摔跤；哥儿俩一边儿大，出门就打架。"

《打花巴掌呔》："打花巴掌儿呔，正月正，老太太爱逛莲花儿灯。烧着香儿呀捻纸捻儿呀，茉莉茉莉花儿呀，串枝莲呀，江西蜡呀海棠花儿呀。（以下隔句重复本句）

打花巴掌儿呔，二月二，老太太爱吃白糖棍儿。

……

打花巴掌儿呔，三月三，老太太爱抽关东烟。

……

打花巴掌儿呔，四月四，老太太吃鱼不摘刺。

……

打花巴掌儿呔，五月五，老太太爱吃烤白薯。

……

打花巴掌儿呔，六月六，老太太爱吃白煮肉。

……

打花巴掌儿呔，七月七，老太太爱吃炖公鸡。

......

打花巴掌儿呔，八月八，老太太爱吃面甜瓜。

......

打花巴掌儿呔，九月九，老太太爱吃莲花儿藕。

......

打花巴掌儿呔，十月十，老太太吃饭不择食。

烧着香儿呀捻纸捻儿呀，茉莉茉莉花儿呀，串枝莲呀，江西蜡呀海棠花儿呀。

茉莉茉莉花呀海棠花。"

老北京的妈妈论儿

"妈妈论儿"，也作"妈妈令"，或作"老妈妈例儿"。是指旧俗相传的讲究，多涉及迷信的说法。"论"读作lìn，在侯宝林先生的相声《北京话》中提到了这个字，"您俩怎么论？"意思是说"你们俩是什么关系？""论斤约"，就是"按斤约"。在老北京话中还有"不论秧子"这个词，如《骆驼祥子》："说翻了的话，我会堵着你的宅门骂三天三夜！你上哪儿我也找得着！我还是不论秧子！""不论秧子"，即不管不顾，什么也不在乎，谁也不怕。

"妈妈论儿"关乎生活的各个方面，衣食住行都有"妈妈论儿"。大体可以分为讲究和禁忌两大类。

讲究，就是要求别人该怎样做，多为礼节、待客之道、婚庆习俗、节令习俗方面。如：

"酒满敬人，茶满送人"，这是待人接客时的讲究，劝酒时要斟满，倒茶时不能满，满了就是在逐客。进一步的说法是："茶七，饭八，酒十分。"茶倒到七分满的程度刚好；盛饭到八分满，过了叫"碰鼻梁"，对客人不尊重。

137

"右手为尊"，家里来客时，或者过年过节的时候，座位是有讲究的。如果正座儿确定了，那么坐在正座右手边儿的是最尊贵、最有面子的。

"论辈儿不论岁"，早时候有些大户人家，或是娶妻纳妾，或是晚年续弦，这时候家里的辈分就跟年龄脱了钩了。年纪小辈儿大，岁数大辈儿小。这时候，要排序的时候，一般就论辈儿不论岁，正所谓"萝卜小，长在辈儿上了"。

"三天没大小"，长幼尊卑之间的处事是有严格规矩的，不能随随便便。但是，在家里举行婚礼的三天内，尚未分大小，不用拘束。过了三天，要按照家族的规矩和尊长处事。

"小辫靠窗户"，这是老北京的旧习俗，姑爷第一次到丈母娘家，可以算贵宾。旧时家里都是土炕，要在炕上吃饭，通常安排姑爷背窗而坐，表示上待。那时清朝男人留辫子，所以就有了"小辫靠窗户"这个说法。

"出了满月挪臊窝儿"，这个讲究现在还有所保留。孩子生出来，头一个月内不能出门。等到男孩满月的头一天，爷爷奶奶应当给孙子操持办"满月"。女孩则要到满月的当天办。

"娘舅爷，姑奶奶"，这两个称呼主要是跟婚宴桌上的排序有关。按北京的规矩，女方娘家人的中心人物是本家的舅舅。舅舅送亲到男方，这时就可以摆"大舅爷"的架子，有资格挑礼儿，男方的家人得顺应。在男方这家的中心人物是新郎的姑姑，里外张罗照应靠着"姑奶奶"。民间有句俗话："姑表亲，辈辈亲，砸断了骨头连着筋。"这是从血缘关系解释了"大舅爷""姑奶奶"的身份。所以，婚宴当天的主桌上，正座应该是留给女方娘家舅的。

"三天为请，两天为叫，当天为提溜"，这是婚娶迎嫁中请客的礼数。发请柬或通知亲朋好友，必须在结婚典礼的三天之前完成，要不然

图6-13 老北京丧礼场景（作者提供）

就会露怯失礼。三天之前通知，算是"请"人；头两天，算"叫"人；当天，就算是"提溜"人了。如果是懂礼儿的人挑眼，根本就不来参加。重要的亲戚朋友，一般都在婚前一个月上门去通知邀请。

"老二抱盆，老大摔"，这是说老人去世后办丧事，老大是负责摔盆的人，也就是给指令起灵去墓地的人。老二没有摔盆的资格，只能抱着盆。（图6-13）

"立春吃春饼"，立春亦称"打春""咬春""报春"，立春吃春饼的传统，称为"咬春"，人们希望在新的一年里防病去灾。（图6-14）

"立秋贴秋膘"，意思是在立秋这天要吃炖肉，为

图6-14 春饼（作者提供）

的是把夏天身体消耗的能量重新补回来，以御寒冬。

"冬至的饺子，夏至的面"，意思是冬至要吃饺子，以防止冻掉耳朵；夏至要吃面条，这叫作"入伏面"，因为面食清凉消暑。

禁忌，就是禁止人做什么。其中大部分的禁忌是针对妇女的，也有针对孩子的，今天看来大都不科学，还有很多禁忌是有关过年的，这里简单举例：

"未出嫁时不许磨刀"，要是磨了的话，准嫁个慢性子姑爷。

"不许对着壶嘴喝茶"，如果对着壶嘴喝茶，就会见人说不出话。

过年时的"妈妈论儿"更是要求严格。

"不准扫地"，大年三十这天，家家户户剥花生、嗑瓜子，满地皮不许扫，就让它在脚底下踩来踩去的，这就是"踩岁"，"岁"谐音"祟"，意思是把过去一年的邪祟和不好的事情都驱除掉。"踩"也谐音"财"，不能将"财"扫出去。（图6-15）

禁说不吉利的话，言谈中不得带有打、杀、砍、剐、破、坏、没、输、赔、光、鬼、病、痛、穷等字眼。

图6-15 "踩岁"（作者提供）

"忌摔盆打碗"，不准打碎盆、碗等家具，否则即是破产之兆。如一旦打碎，当马上说"岁岁（碎碎）平安"，及时进行"破解"。

"忌扫地、倒垃圾"，不准扫地，否则会把财扫出去；不准倒垃圾和泔水，这是怕把财倒出去。

　　"正月不做鞋"，妇女在正月里不做鞋，以避免"招邪"（因"鞋"与"邪"谐音）。

　　"正月忌剃头，否则死娘舅"，正月忌剃头，否则死娘舅，据说这是中华民国时的思想，剃头会思及旧君，故曰"思旧"。相传既久，遂讹作"死舅"。

老北京的喜歌

马三立老先生的相声《吃饺子》当中，描述了一个人为了在过年时赊点白面，站在粮食店门口"念喜歌"。"念喜歌"，掌柜的不理，于是他就改念丧歌，掌柜的一听就赶紧把白面赊给他。这段相声所描写的正是在清朝末年，北京城所盛行的"念喜的"，也叫"念喜歌儿的"。其以韵诵为主，颂唱吉祥话。"喜歌"多为乞丐行乞时演唱。他们遇有人家娶媳妇、聘姑娘、办生日、做满月、挂匾、开市、竖柱上梁（盖新房），便适时临门演唱，为的是求得赏钱。（图6-16）

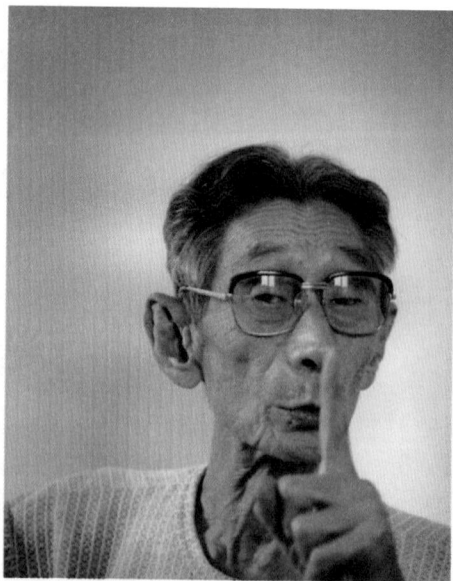

图6-16　相声大师马三立先生（作者提供）

四喜歌

福自天来喜冲冲，福禄善庆插玉瓶。

福如东海长流水，恨福来迟身穿大红。

鹿行小道连中三元，鹿叼灵芝口内含。

鹿过高山松林下，六国封相做高官。

寿星秉手万寿无疆，寿桃寿面摆在中央。

寿比南山高万丈，彭祖爷寿抵八百永安康。

喜花掐来戴满头，喜酒斟上瓯几瓯。

喜鹊落在房檐上，喜报三元独占鳌头。

贺亲喜歌

东方一展太阳生，迎风转过念喜的来。

笙吹细乐前引路，两边锣鼓把道开。

穿过大街越小巷，直到阁老府门来。

来得不早也不迟，正是新人下轿时。

新人下轿贵人搀，两个童子倒红毡。

一倒倒在花堂前，这才唤出文状元。

一支弓，三支箭，满斗麦子供龙天。

一拜天，二拜地，三拜公婆常在世；

四拜妯娌多和美，五拜白头到老好夫妻。

正念喜歌抬头观，空中来了众神仙。

有只蛤蟆三条腿，那是刘海戏金蟾……

浇梁喜歌

头顶千祥云集，脚踏生财福地。

右有万道祥光，左有一团紫气。

前是鹏程万里，后是堆金积玉。

爆竹震四方，三星照当央，小徒迈门槛，来浇紫金梁。

主家斗，接在手，这是南麻共北柳。

怀抱斗，手提酒，手扒云梯向上走。

步步登高，步步登高，我到上房走一遭。

来到上房观其祥，今天正是黄道日，正赶主家来上梁。

这柁是好柁，这梁是好梁，生在何处，长在何方？

生在云南贵州，移栽卧龙岗上；根扎东海大洋，树梢遮住太阳。

主家在树下经过，见它生得贵样，这才把它置买停当。

用的车拉船载，经过水旱码头、镇店村庄。

来到家下，请来木匠师傅照量；一位师傅动手，众位师傅帮忙；钢锛不住乒乓响，这才砍成好柁梁。

大柁修成一条龙，摇头摆尾往上行；行到空中它不动，单等主家来挂红。

红挂九龙头，日子不发愁；红挂九龙腰，芝麻开花节节高；红挂九龙尾，福如东海长流水。

正念喜歌抬头观，空中来了众神仙，大仙不落凡间地，打发来人撒金钱。一撒金，二撒银，三撒骡马共成群。金钱撒在宝宅内，祖祖辈辈不受贫。

贺开张歌

打竹板，往前挪，掌柜卖的自行车。

自行车，真不赖，骑车准比走得快。

女坤车，没大梁，骑车就是不上房。

自行车，真正好，就是不能横着跑……

拦门喜歌

《儿女英雄传》第27回，新郎到新娘家门外，赞礼的傧相高声念道：

满路祥云彩雾开，紫袍玉带步金阶。

这回好个风流婿，马前唱道状元来。

这叫"拦门第一请"，此后请新娘上轿，再念第二首：

天街夹道奏笙歌，两地欢声笑语和。

吩咐云端灵鹊鸟，今宵织女渡银河。

此为"拦门第二请"，第三请则又请新娘降舆矣：

彩舆安稳护流苏，云淡风和月上初。

宝烛双辉前引道，一枝花影倩人扶。

据闻世惠《数来宝与穷家门》一文的记载："根据《江湖丛谈》记载：凡是拿着竹板，且说且唱挨门挨户讨要的，拿着撒拉鸡（撒拉鸡的形状是二尺多长的两块窄竹板儿，上安铁钉，再安几个铜钹，左手执之，右手另拿一窄长如锯齿的竹板，穷家门管这种家伙叫三岔板）的乞丐和使渔鼓、简板、竹板的乞丐都是穷家门的人。……穷家门的乞丐在早年都供奉范丹，后来都供奉朱洪武，因为朱洪武幼年当过和尚、要过饭，用牛骨敲打，挨门讨要。……穷家门的人管那牛骨称为太平鼓，上有小铜铃十三个，亦为朱洪武即朱元璋所留。"又据《北京民间生活彩图》第13图《三棒鼓图》题词曰："此中国三棒鼓之图也。其人陕省来京采差，手持木棒三根，下支一小鼓，其棒起落于鼓，连打带唱，讨钱作为盘费，非作艺江湖也。""三棒鼓"也是唱喜歌者的一种道具。

还有打"节子板"的（数来宝或者快板演唱中，五块小板行业内称为节子板），也有打钱的，还有敲梆子的（榆木制的敲击器），弹琴拉二胡的，也有空口吟唱的。

说了"喜歌"，再来说说"丧歌"。春节之期，乞丐要到各铺面儿去"念喜"，此时正逢官府"封印"，即使地面上出点儿乱子，官府里也没有人管，乞丐此时可以由着性来。碰到比较吝啬的铺户，他们先来软的，唱什么"一进门来拜善人，积善之家有福神，有喜神，有财神。两边栽着摇钱树，中间拜着聚宝盆，稀里哗啦撒金银……"如果掌柜的钱给得少，他们就会念唱犯忌讳的歌词（"丧歌"）。比如："鞭炮一响劈里啪啦，四个掌柜死了仨，四掌柜的去抓药，伙计全得子午煞！火神爷当中把令发，一把天火败了家……"

相声演员张寿臣口述、张立林和田立禾整理的《吃饺子》文本记述了旧京这种风情：

甲：自然有主意。有我孩子玩的五六个小铁钱，手里一攥，到面铺门口一蹲，六点多钟开门了，他一下门板儿，我冲里边喊，念喜歌儿。

乙：怎么念的？

甲：噢！子丑寅卯太阳开，卧龙岗上盖宝宅，协天大帝当中坐，五路财神进宝来。一送金，二送银，三送摇钱树，四送聚宝盆。摇钱树拴金马，聚宝盆站银人，银人手托八个大字："招财进宝，日进斗金"。大发财源掌柜的！小钱儿往柜里一扔："买一万六千袋白面！"掌柜的一瞧是我："你扔进什么来了？""一万现洋，八捆金条，一百块钻石。"

乙：这不是穷疯了吗！哪儿找去？

甲：这么说吉祥，为好听，学徒拿洋蜡还找哪。

乙：那哪儿找去，小铁钱儿。

甲：掌柜的说："你瞧昨儿个赊面不赊，今天早晨这儿撞柜来了，你说不给他面，他扔进这么些东西来。大早晨找麻烦！徒弟，给他抓五斤面，甭写，回头我给钱。"

乙：您算抄上了。

甲：提了面，到家一进门："面来了！和面，咱们包饺子！"我媳妇和面，一边和面，一边说闲话："你是穷了心了，瞎了眼了，这面包饺子，我可没这手艺，没法儿包。"

乙：面黑呀？

甲：棒子面。

…………

《燕京岁时记》中也曾记载此类讨要：

打竹板，迈大步，眼前就是杂货铺。

你这个掌柜真见鬼，烧酒里面掺凉水。

香烟茶叶长了毛，半盒火柴都划不着。

大秤买，小秤卖，说你多坏有多坏。

滑石粉往面里搁，说你缺德不缺德！

你不给，我不要，省些钱来去抓药。

要是吃药不见效，你可千万别上吊。

参考文献

［1］颜自德.霓裳续谱[M].王廷绍，编订.刻本.天津：集贤堂，1795（清乾隆六十年）.

［2］徐芳.北平的喜歌[J].歌谣，1936，2（17）.

［3］李家瑞.北平风俗类征[M].上海：商务印书馆，1937.

［4］潘荣陛，富察敦崇.帝京岁时纪胜·燕京岁时记[M].北京：北京古籍出版社，1981.

［5］陈刚.北京方言词典[M].北京：商务印书馆，1985.

［6］傅民，高艾军.北京话词语[M].北京：北京大学出版社，1986.

［7］冷佛.春阿氏[M].松颐，校释.长春：吉林文史出版社，1987.

［8］《中国民间歌曲集成》全国编辑委员会，《中国民间歌曲集成》北京卷编辑委员会.中国民间歌曲集成·北京卷[M].北京：中国ISBN中心，1994.

［9］李家瑞.北平俗曲略[M].北京：中国曲艺出版社，1988.

［10］徐世荣.北京土语辞典[M].北京：北京出版社，1990.

［11］贾采珠.北京话儿化词典[M].北京：语文出版社，1990.

［12］陈文良.北京传统文化便览[M].北京：北京燕山出版社，1992.

［13］齐如山.北京土话[M].北京：北京燕山出版社，1991.

［14］常人春.老北京的风俗[M].北京：北京燕山出版社，1996.

［15］丁朗.《金瓶梅》与北京[M].北京：中国社会出版社，1996.

［16］张次溪.人民首都的天桥[M].北京：中国曲艺出版社，1988.

［17］弥松颐.京味儿夜话[M].北京：人民文学出版社，1999.

［18］金受申，李宏.北京通[M].北京：大众文艺出版社，1999.

［19］爱新觉罗瀛生.老北京与满族[M].北京：学苑出版社，2005.

［20］松友梅.小额[M].刘一之，标点/注释.注释本.北京：世界图书出版
公司，2011.